땅속부터 하늘까지
지구 이야기

교과서가 쉬워지는 교과서 11
땅속부터 하늘까지 지구 이야기
초판 1쇄 발행 2024년 3월 20일

글쓴이 지태선 | 그린이 송수미 | 감수 윤상화 | 펴낸이 김민지 | 펴낸곳 미래M&B
등록 1993년 1월 8일(제10-772호) | 주소 서울시 마포구 동교로 134(서교동 464-41) 미진빌딩 2층
전화 (02)562-1800(대표) | 팩스 (02)562-1885(대표)
전자우편 mirae@miraemnb.com | 홈페이지 www.miraei.com
블로그 blog.naver.com/miraeibooks | 인스타그램 @mirae_ibooks

ISBN 978-89-8394-709-3 (74450) | ISBN 978-89-8394-656-0(세트)

＊잘못 만들어진 책은 구입처에서 바꾸어 드립니다.
＊이 책은 저작권법에 따라 한국 내에서 보호받는 저작물이므로 무단 전재와 복제를 금합니다.

아이의 미래를 여는 힘, **미래 i 아이**는 미래M&B가 만든 유아·아동 도서 브랜드입니다.

교과서가 쉬워지는 교과서 ⑪

땅속부터 하늘까지 지구 이야기

지태선 글 | 송수미 그림 | 윤상화 감수

작가의 말

지구에 사는 어린이 여러분, 안녕? 만나서 반가워. 나도 여러분과 같은 지구 출신 인간이야. 아마 이 책을 읽는 친구들 모두가 지구인일 것 같은데. 그러면 우리는 지구에 대해서 정말 많은 것을 알고 있겠네? 너희들은 지구에 대해 얼마나 알고 있어? 우리가 태어나서 자라고 나중에 죽더라도 다시 그 일부분으로 돌아갈 지구 말이야.

이 책에서는 지구에 대해 알아보려고 하지만 사실 내가 처음으로 관심을 가졌던 것은 직접 발을 딛고 살고 있는 지구보다는 밤하늘 너머의 별들이었어. 손이 닿지 않는 저 너머의 존재들 말이야. 그래서 우주와 별에 대해 열심히 알아보았지. 그러면서 깨달은 사실은 지구도 우주의 한 부분이라는 것이었어.

인간이라는 종족은, 나라는 사람은 우주에 하나뿐이겠지만 지구를 만들고, 움직이고, 바꾸는 수많은 법칙들은 전 우주 공통이야. 지구에 대해서 연구하다 보면 손이 닿지 않는 저 먼 곳의 별과 행성들에 대해서도 알 수 있고, 어떤 일이 일어나고 있는지 예측도 할 수 있지. 과학자들은 이런 방법으로 태양이 어떤 물질로 만들어졌는지, 별들이 왜 빛나는지 알게 되었는걸. 어쩌면 우리가 알지 못하는 먼 곳의 행성에서도 지구와 비슷한 과정을 거쳐서 우리처럼 생각하고 연구하는 존재들이 태어났을지도 몰라. 결국 지구에 대해서 이야기하는 것이 우주에 관한 연구의 첫걸음이라고 할 수 있단다.

이렇게 마음을 먹고 지구에 대한 이야기를 풀어 나가려고 보니 지구에 대해서는 할 말이 너무 많더라고. 특히 태양계에서 지구에만 있는 생명에 관한 이야기를 하려면 책 한두 권 가지고는 어림도 없겠던걸. 그래서 이 책에서는 다른 것 말고 딱 지구라는 행성 자체에 초점을 맞추고 이야기를 하고 싶었어. 태양계 행성으로 존재하는 지구, 지구형 행성이라고도 하는 단단한 물질로 이루어진 지구, 마지막으로 지구의 표면을 둘러싼 것들에 대해서 말이야.

지구를 생물들이 만드는 이야기의 배경으로만 생각하는 친구들도 있을 거야. 하지만 지구 자체가 이야기를 바꾸기도 하거든. 오히려 지구 입장에서는 생물은 잠시 지나가는 역이고, 진짜 주인공은 지구 자신일지도 몰라. 이 책은 그런 지구에 대한 책이야. 그럼 이제부터 지구를 주인공으로 써 나간 지구의 이야기를 즐겨 주길 바라.

지태선

차례

프롤로그
지구의 탄생 … 8

1장 우주 속 행성 지구

빙글빙글 팽이 같은 지구 … 14
우주의 중심은 지구일까? … 17
변화는 삐딱한 곳에서 온다 … 21
야구공 같은 지구 … 25
지구의 위성, 달 … 29
날마다 모양이 바뀌는 달은 변신쟁이 … 32
바닷물을 당기는 달의 힘 … 38
이건 알고 있니? 태음력과 태양력 … 42

2장 딱딱한 암석 표면 지구

지구의 퍼즐을 맞춰라 … 48
지구의 엑스레이 지진파 … 53
폭발로 산이 만들어진다고? … 57
세상에서 가장 격렬한 만남의 장소, 판의 경계 … 61
이건 알고 있니? 지진은 예측이 가능할까? … 66
흙은 어디에서 왔을까? … 68
땅의 모양을 바꾸는 물 … 73
층층이 쌓아서 만들어진 지층 … 78
휘어지고 끊어지고 뒤집어진 땅 … 84
돌고 돌며 변하는 돌 … 90
이건 알고 있니? 화석의 나이를 어떻게 알 수 있을까? … 94

3장 대기와 물로 둘러싸인 지구

보이지 않는 외투 … 100
바다는 어떻게 만들어졌을까? … 105
수증기의 다양한 변신 … 110
모습을 바꾸며 순환하는 물 … 114
생각보다 무겁고 힘센 대기 … 118
바람에게도 정해진 길이 있다 … 123
이건 알고 있니? 기후 변화와 온난화 … 130

에필로그
지구의 마지막 순간 … 134

 프롤로그

지구의 탄생

지금으로부터 약 50억 년 전, 우주 한 구석의 기체와 먼지 덩어리 속에서 무엇인가 빛나는 것이 생기기 시작했어. 그리고 좀 더 시간이 지난 뒤 그 주위엔 또 크고 작은 공 같은 것들이 만들어졌지. 작은 공들은 자기들끼리 부딪히면서 깨지기도 하고, 더 커지기도 했어. 가운데서 빛나는 가장 큰 공은 태양이 되었지. 그리고 나머지 작은 공들 중에 태양으로부터 세 번째 자리에 위치한 것이 바로 우리의 지구야.

사실 이 구석에서 무언가 생겨났던 것은 이번이 처음이 아니었어. 훨씬 더 옛날에 훨씬 더 큰 별이 살고 있었거든. 하지만 그 별은 결국 커다란 폭발과 함께 눈부신 최후를 맞이했지. 그 모습을 누군가 가까이에서 보았다면 밝은 빛과 뜨거운 열 때문에 살아남지 못했을 거야. 하지만 그때의 찌꺼기들이 모여서 다시 새로운 별과 행성을 만들었고 그것이 지금의 우리란다. 어떻게 보면 지구의 우린 모두 별에서 태어난 것이지.

작은 미행성들이 계속 부딪히고 합쳐져서 만들어진 원시 지구는 굉장히 뜨거웠어. 표면도 뜨거웠지만 안쪽은 더 뜨거웠지. 처음엔 지구 내부의 여러 가지 물질들이 다 녹아서 섞여 있었어. 그러다 철이나 니켈같이 무거운 금속은 지구의 중심으로 가라앉았어. 가벼운 물질들은 더 바깥쪽에 자리 잡아서 무거운 중심을 둘러싸고 있었지. 시간이 지나고 지구가 식으면서 지구의 겉껍질인 지각이 생겼고 기체들은 대기가 되어 지구를 둘러싸게 되었어.

> **미행성**
> 태양계가 처음 생길 때 존재한 작은 천체. 천체란 지구가 아닌 우주에 있는 물체를 말한다.

이렇게 만들어진 지구는 그때부터 지금까지 46억 년 가까운 시간 동안 태양의 주위를 돌고 있어. 그저 돌기만 한 것이 아니라 신기하고 놀라운 많은 일들도 일어났지. 그럼 지금부터 그 신기하고 놀라운 많은 일들이 무엇인지 알아보자.

우리말로 하면 대폭발이지만 전 세계적으로 유명한 이름이 있지. 바로 '빅뱅(Big Bang)'이야. 그런데 빅뱅이 처음에는 비꼬려는 마음에서 만든 단어였다는 것을 아니? 이 단어를 처음 사용한 사람은 프레드 호일이라는 영국의 천문학자야. 그는 대폭발 이론을 믿지 않는 사람이었지. 호일은 한 라디오 방송에서 우주에 관해 이야기하다 "어떤 사람들은 우주가 어느 날 갑자기 빵(Bang) 하고 대폭발을 일으켜서 만들어졌다고 생각하더군요."라면서 비꼬았지. 그런데 그게 생각보다 대폭발 이론을 설명해 주는 너무 적절한 단어여서 그 이후에 모두들 빅뱅이라고 부르게 되었어. 믿지 않는 사람이 그 이름을 지어 주다니 참으로 아이러니하지 않니?

사실 호일의 입장도 이해가 되긴 해. 우주가 한 점에서 시작되었다는 말도 안 되는 이야기를 어떻게 그리 쉽게 믿겠어. 증거를 가져와도 믿을까 말까 할 텐데 말이야. 그런데 그 증거가 있다는 말씀! 게다가 그건 온 우주에 흩어져 있지. 바로 우주 배경 복사라는 형태로 말이야.

갑자기 나타나 순식간에 커져 버린 우주는 말도 못 하게 뜨거웠어. 얼마나 뜨거웠냐고? 아주아주 뜨거웠지. '아주아주'라는 표현이 모자랄 정도야. 온도로 따지면 섭씨 1조 도가 될 거야. 물은 섭씨 100도에서 끓고, 쇠를 녹이는 용광로의 온도는 섭씨 약 1500도 정도야. 저 멀리서부터 지구를 데워 주는 태양의 표면 온도도 섭씨 약 6000도 정도니깐, 처음의 우주가 얼마나 뜨거웠는지 느낌이 오니? 이 뜨거움이 빛이라는 흔적으로 남아 있는 것이 바로 우주 배경 복사란다. 하지만 지금은 우주가 너무 커지고 식으면서 아주 약해졌어. 그래서 쉽게 찾아내지 못했지. 강한 빛이나 신호면 쉽게 찾았을 텐데 말이야.

빅뱅 이후의 팽창에서 진짜 중요한 건 '시간이 지나면서 우주도 식어 갔다는 사실'이야. 우주가 만들어지고 38만 년쯤 지나면서 섭씨 약 2700도 정도까지 온도가 내려갔지. 그래도 아직 너무 뜨겁지? 하지만 드디어 우리가 아는 수소 원자나 헬륨 원자 같은 물질들이 생길 수 있는 온도가 된 거야. 그동안은 너무 뜨거워서 물질이고 힘이고 빛이고 뭐고 다 뒤죽박죽이었거든. 이제 우주에 뭔가를 만들 재료가 생긴 것이지. 재료가 있다고 바로 만들어진 것은 아니지만 말이야.

다시 시간이 흐르고 흘러 빅뱅 후 약 3~4억 년이 지난 다음, 드디어 수소와 헬륨으로 이루어진 우주 최초의 별들이 만들어지기 시작했어. 이 별들은 어마어마하게 컸지만 수명이 짧았어. 300만 년 만에 펑 하고 터진 뒤 사라졌지. 별들이 사라진 자리에서는 다시 별들이 태어나고 사라지기를 반복했어. 수많은 시간이 지나고 드디어 우리의 태양이 나타날 시간이 되었어.

태양계의 생성 과정

① 서서히 돌고 있던 우주 공간의 가스 구름(성운)이 중력에 의해 뭉쳐지기 시작한다. ② 가운데 큰 덩어리가 생기고 성운의 부피가 작아지면서 회전 속도가 빨라진다. 회전으로 인한 원심력 때문에 성운의 가장자리는 납작해진다. ③ 가운데 원시 태양이 생기고 남은 물질은 태양 생성 시 충격에 의해 태양보다 바깥으로 퍼져 나간다. 남은 물질들은 계속 회전과 충돌을 하며 다시 뭉치기 시작한다. ④ 지구가 속한 태양계가 만들어진다.

1장
우주 속 행성 지구

빙글빙글 팽이 같은 지구

　지구를 포함한 태양계를 만들어 낸 기체와 먼지 덩어리들은 사실 빙글빙글 돌고 있었어. 이 회전은 태양과 행성들이 형성된 뒤에도 계속되었지. 물론 지금도 마찬가지야.
　갑작스럽지만 너희들 혹시 태양이 어느 쪽에서 떠서 어느 쪽으로 지는지 알고 있니? 정답은 '동쪽에서 떠서 서쪽으로 진다.'야. 너무 쉽다고? 그렇다면 왜 태양은 항상 동쪽에서 서쪽으로 움직이는지는 아니?
　조금 전에 말했던 회전이 그 힌트야. 지구는 남극과 북극을 이은 축을 중심으로 회전하고 있거든. 이걸 자전이라고 부르고 그 축은 자전축이라고 해.
　하루 동안 태양이 움직이는 방향은 지구의 자전 방향과 관련이 있어. 정확하게 말하자면 둘은 서로 반대지. 마치 우리가 기차를 타고 가면서 밖을 바라볼 때처럼 말이야. 기차가 앞으로 가면 창밖의 풍경은 뒤로 가는 것처럼 보이잖아. 물론 실제로 움직이는 것은 풍경이 아닌 기차이지만 말이야. 그럼 다시 지구와 태양으로 가 볼까? 지구는 서쪽에서 동쪽으로 자전을 해. 기차 이야기를 생각해 보면 태양은 지구의 실제 움직임과 반대로 움직이는 것이겠지? 그래서 태양은 매일 동쪽에서 떠서 서쪽으로 지는 거야. 물론 실제로 움직이는 것은 태양이 아니라 지구지만 말이야.

  낮과 밤이 생기는 것도 지구의 자전 때문이야. 우리는 태양을 향한 쪽은 환한 낮, 반대로 태양을 등진 쪽은 어두운 밤이라고 하잖아. 그럼 지구가 한 번 자전하는 데 걸리는 시간은 얼마일까? 힌트는 자전으로 인해 하루가 생겼다는 것이야. 그렇다면? 그래, 24시간. 바로 하루지. 그런데 지구가 처음 만들어졌을 때는 하루가 6시간 정도였대. 그러던 것이 지구의 자전 속도가 점점 느려지면서 지금과 같은 길이의 하루가 된 거야. 사실은 지금도 아주아주 천천히 하루가 조금씩 길어지고 있는 중이지.

  그런데 우리는 왜 지구가 돌고 있는 것을 느끼지 못할까? 그건 지구가 자동차라면 아주 큰 편이며, 아주 일정하게 움직이고 있기 때문이야. 쭉 뻗은 잘 닦인 도로에서 같은 속도로 달리는 차 안에 있는 것처럼 말이야. 그런 차 안에서는 밖의 풍경을 보아야 움직이고 있는 것을 느끼잖아. 옛날 사람들은 지구가 움직이는 것을 모르고 태양이 지구 주위를 도는 것이라 생각했는데, 어쩌면 그게 당연한 것이었지.

  그런데 자전 때문에 지구가 조금 찌그러졌다는 것을 알고 있니? 지구는 완벽한 구가 아니라는 말씀. 적도 쪽 지름이 남북극을 잇는 지름보다 약간 더 긴 살짝 눌린 공 모양이야. 돌리면 돌릴수록 넓어지는 피자 도우처럼 원심력 때문에 지구도 옆으로 퍼진 것이지. 하지만 지구는 피자 도우처럼 말랑말랑하지 않으니까 언젠가 '지구가 피자 도우처럼 납작하게 되면 어떻게 하지?' 하는 걱정은 접어 두어도 좋아.

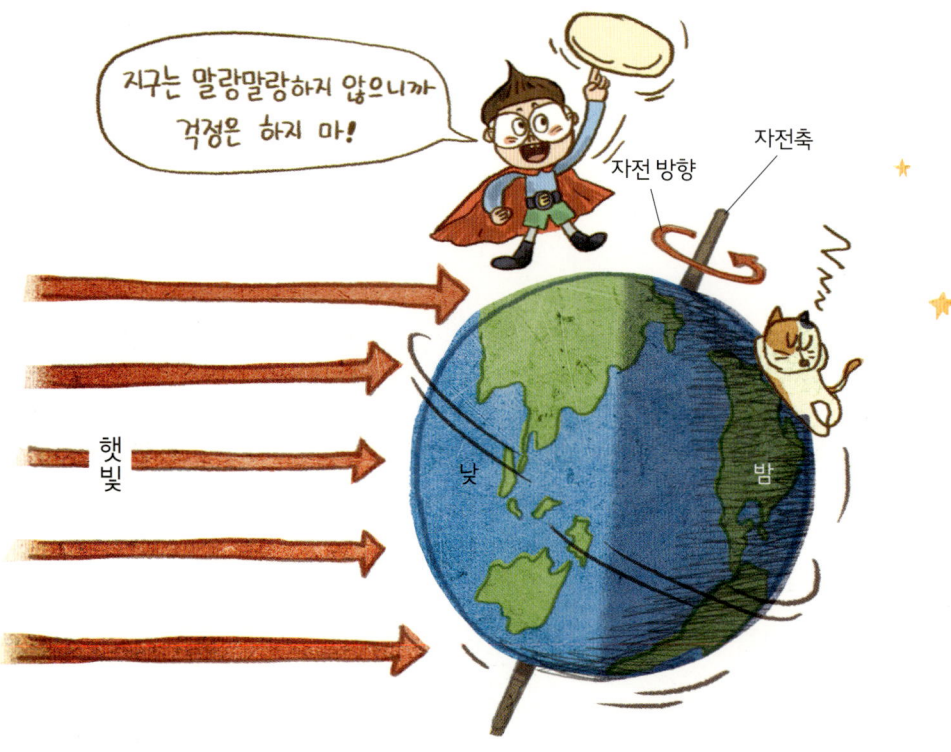

지구의 자전

지구가 자전축을 중심으로 서쪽에서 동쪽으로 하루에 한 바퀴씩 도는 것을 지구의 자전이라고 한다. 낮과 밤이 번갈아 나타나는 것도 지구의 자전 때문이다. 태양을 향한 쪽은 낮, 태양의 반대쪽은 밤이 된다.

우주의 중심은 지구일까?

아주 오랫동안 사람들은 지구가 이 우주의 중심이고 태양과 달과 별이 지구 주위를 돈다고 생각했어. 지구가 움직이는 것을 느끼지 못하니까 어쩔 수 없지, 뭐. 하지만 우리는 그 생각이 틀렸다는 것을 알고 있어. 우주의 중심이기는커녕 태양계의 행성으로 태양 주위를 빙글빙글 돈다는 것도 알고. 뭐, 이 태양도 우주의 중심은 아니지만 말이야.

먼 옛날 사람들은 지구가 우주의 중심에 고정되어 있고 모든 천체들이 지구 주위를 원 모양을 그리며 돈다고 믿었어. 이걸 천동설이라고 한단다. 천동설을 사용하면 태양과 달, 상당수의 별의 움직임을 간단히 설명할 수 있었지. 그러나 설명이 맞지 않는 부분들이 발생했고, 행성의 움직임을 설명하는 것은 더욱 어려웠어. 이것들을 설명하기 위해서 처음의 원형 궤도 위에 다시 작은 원을 그리는 주전원 등이 추가되었지만 여전히 설명할 수 없는 문제들이 남아 있었어.

한편, 지동설은 지구가 자전하면서 태양 주위를 돈다고 말해.

16세기 코페르니쿠스가 지동설을 처음 주장했다고 생각하는 경우가 많은데 실은 기원전 3세기경 그리스의 아리스타르코스가 먼저였어. 그 후에도 지동설을 주장하는 사람들이 있었으나 이를 뒷받침할 정확한 증거가 없어 무시되기 일쑤였지. 지구가 태양 주위를 도는 행성 중 하나라는 지동설이 힘을 얻게 된 것은 수많은 천체 관측 자료가 과학적 증거가 되어 준 덕분이라고 할 수 있어. 정작 코페르니쿠스는 당시의 종교적, 사회적 분위기로 인하여 그의 주장을 바로 세상에 내놓을 수는 없었지.

지동설은 그동안 천동설에서 복잡한 과정을 통해 설명하거나, 아예 설명할 수 없었던 수많은 문제들을 손쉽게 설명할 수 있었어. 물론 초기의 지동설은 실제와는 다른 부분이 있었지만

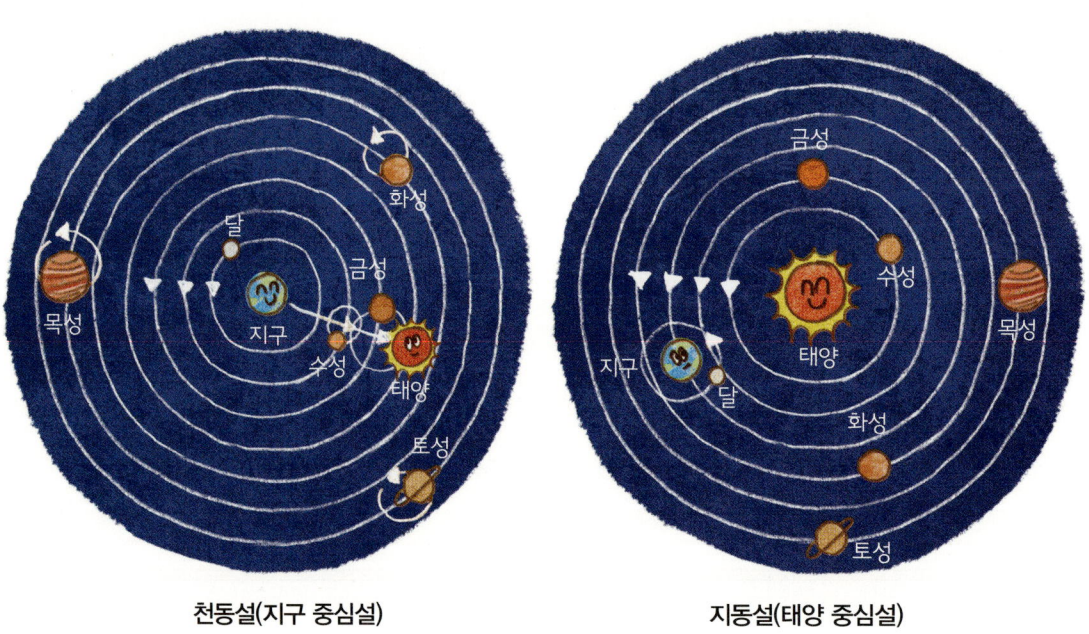

천동설(지구 중심설)　　　　　　지동설(태양 중심설)

그러한 부분들은 시간이 지나면서 다른 과학자들에 의하여 수정되었지. 지동설은 단순히 우주의 모습을 바르게 설명하는 데 그친 것이 아니라 그 후의 과학 전체에 영향을 끼친 중요한 계기가 되었어. 실제 세계는 이상적인 완벽한 모습을 가지고 있지 않음을 알게 하였고, 과학자들이 관측이나 측정, 수학 등 객관적인 것을 사용하여 현상을 설명하고 증명하게 만들었지.

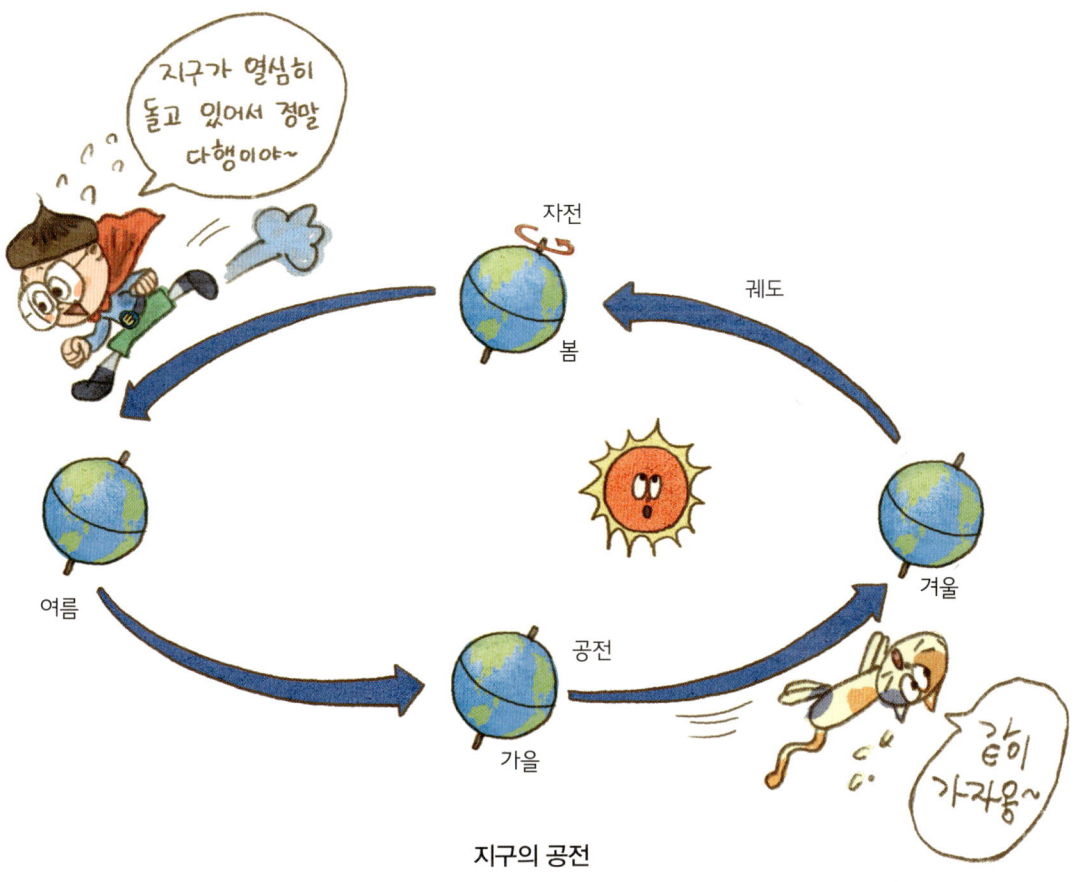

지구의 공전

지구가 태양 주위를 1년에 한 바퀴 도는 것을 지구의 공전이라고 한다. 지구의 공전 방향은 지구의 자전 방향과 같다.

지구가 태양의 주위를 아주 커다란 타원을 그리면서 도는 것을 공전이라고 해. 지구의 경우 공전 방향은 자전 방향과 같지. 처음에 만들어질 때 돌던 방향이 그대로 남아 있거든. 1년이라는 시간은 지구가 태양 주위를 한 바퀴 도는 데 걸리는 시간이지. 그런데 공전이 뭔지 모르는 아주 옛날 사람들도 1년이라는 시간을 잴 수 있었어. 그것도 밤하늘의 별을 이용해서 말이야. 예를 들어, 고대 이집트인들은 밤하늘의 가장 밝은 별인 시리우스가 해와 함께 떠오르는 날을 기준으로 새해를 정했다고 해.

우리나라에도 남쪽 하늘을 바라보면 계절마다 별자리가 바뀌는 것을 볼 수 있어. 지구가 공전을 하면 밤하늘의 방향이 바뀌거든. 낮에는 태양이 너무 밝아서 별이 안 보이니 상관없지만 밤에는 바라보는 방향에 따라 보이는 별자리도 달라지게 되는 거야. 우리나라에서 은하수가 여름에 잘 보이는 것도 공전 때문이야.

그럼 만약 지구가 공전을 멈춘다면 어떤 일이 생길까? 아주 무시무시한 일이 일어날 거야. 지구가 태양으로 끌려들어가거든. 아마 지구가 몽땅 타 버리겠지? 아니면 태양의 중력 때문에 지구가 산산조각 날 수도 있어. 그렇다고 공전만 하고 자전을 하지 않는다면 하루와 1년이 같아지니 이것도 살기가 정말 힘들 거야. 자전도 그렇고, 공전도 그렇고 지구가 열심히 돌고 있어서 정말 다행이야.

🌐 변화는 삐딱한 곳에서 온다

너희는 좋아하는 계절이 뭐야? 꽃 피는 봄? 방학이 있는 여름이나 겨울? 풍성한 식탁을 만드는 가을? 그런데 좋아하는 계절이 지나가더라도 괜찮아. 어차피 1년 뒤에 또 올 거니까. 잠깐, 같은 계절이 1년 뒤에 다시 온다고? 혹시 무슨 이야기를 하고 싶은지 눈치챘니? 맞아. 지금부터 하려는 이야기는 계절의 반복과 지구의 공전의 관계에 대한 것이야.

지구가 태양 주위를 1년에 걸쳐 돈다는 것만 가지고 사계절을 설명할 수 없어. 기울어진 자전축이 있어야만 계절이 바뀔 수 있지. 지구의를 본 적 있지? 지구의를 보면 지구가 항상 삐딱하

태양의 고도와 남중 고도

지표면과 태양이 이루는 각을 태양의 고도라고 하는데 하루 중 태양이 가장 높이 떴을 때의 고도를 남중 고도라고 한다. 이는 우리나라와 같은 북반구에서는 태양이 정남쪽에 있을 때 고도가 가장 높기 때문이다. 우리나라는 12시 15분에서 30분 사이에 태양이 남중한다.

게 되어 있을 텐데 진짜 지구도 그렇게 되어 있거든. 똑바로 서서 도나 기울어져서 도나 똑같이 않을까 생각하는 친구들이 있다면 그건 천만의 말씀이야.

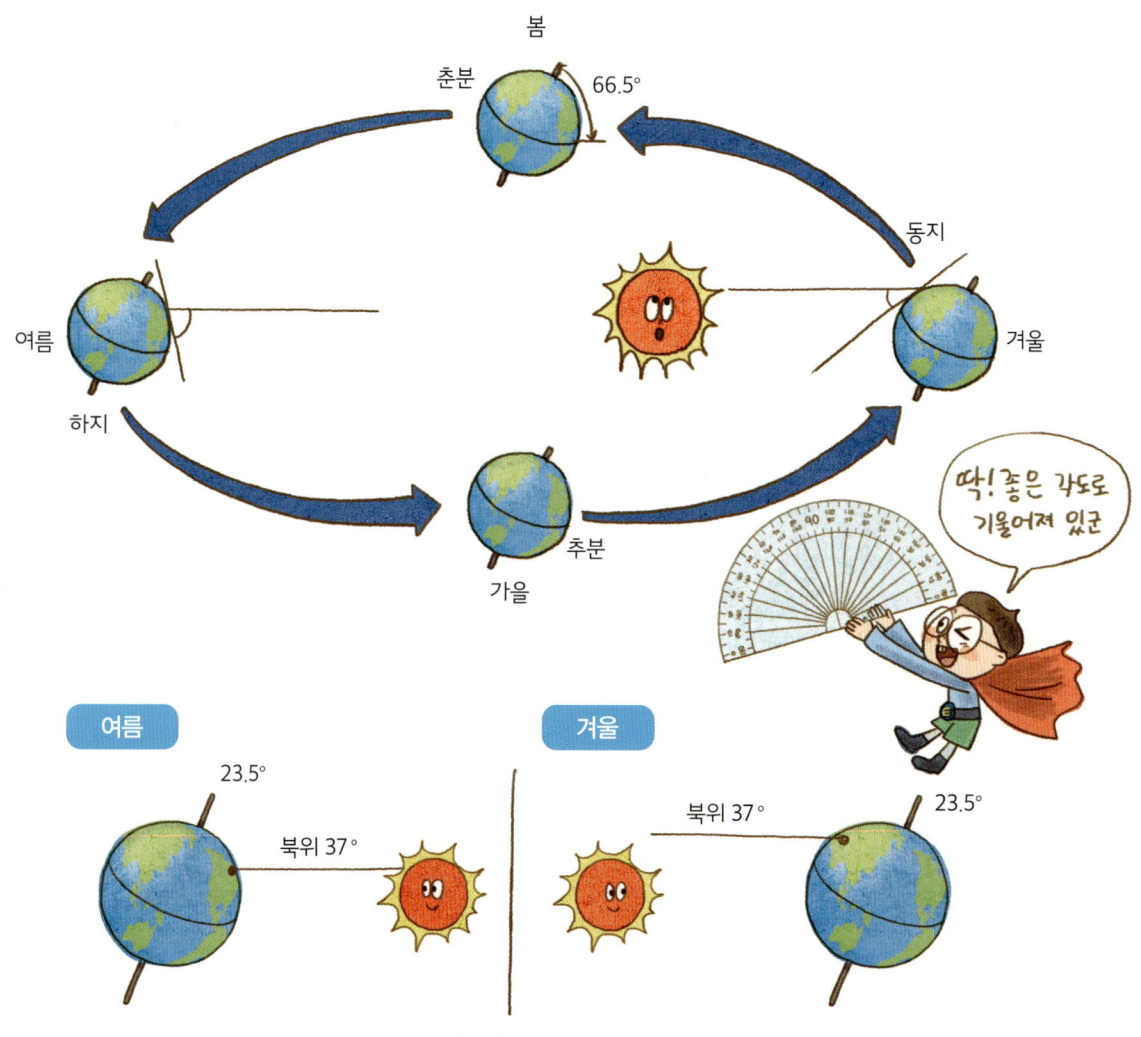

계절에 따른 태양의 남중 고도

우리나라에서 태양의 남중 고도는 여름 중 하지에 가장 높고 겨울 중 동지에 가장 낮다. 봄과 가을은 여름과 겨울의 중간 값으로 춘분과 추분의 태양의 남중 고도는 같다.

지구의 자전축이 기울어졌기 때문에 계절마다 우리나라에 들어오는 태양 에너지의 양이 달라져. 물론 태양에서 내보내는 에너지 양은 계절과 상관없이 일정해. 다만 태양 빛이 들어오는 기울기, 즉 태양의 고도가 달라지면서 단위 면적당 받는 에너지 양이 바뀌는 것뿐이야. 태양 고도가 높은 여름에는 에너지 양이 많고, 낮은 겨울에는 적지. 봄과 가을은 그 중간쯤 되고. 계절마다 기온이 달라지는 이유를 알겠지? 호주나 아르헨티나 같은 남반구에 있는 나라들은 우리나라와 태양 고도가 반대로 나타나기 때문에 계절도 반대야.

만약 지구의 자전축이 수직이었다면 1년 내내 남중 고도가

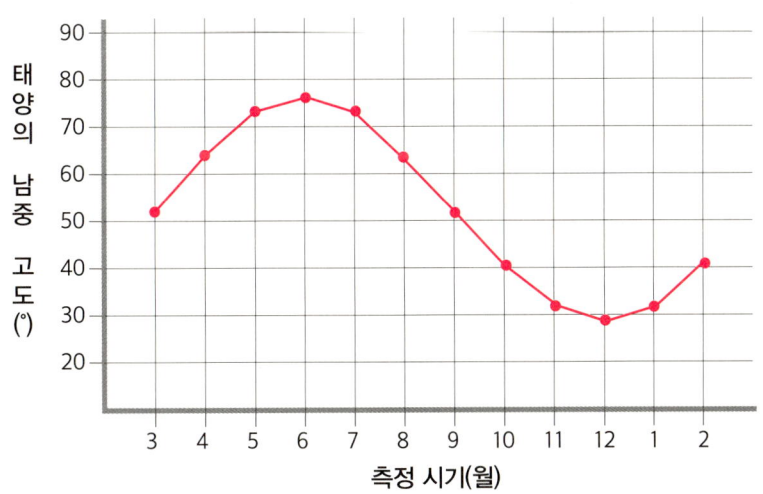

태양의 남중 고도 그래프
1년 동안 우리나라에서 측정한 태양의 남중 고도. 태양의 남중 고도가 가장 높은 6월에 낮이 가장 길고, 남중 고도가 가장 낮은 12월에 가장 낮이 짧다.

바뀌지 않지. 그러면 1년 내내 비슷한 기온일 테고 계절이란 건 없었을 거야. 그리고 북반구와 남반구가 계절이 반대로 나타나는 현상도 없겠지.

  이렇듯 지구의 자전축이 기울어진 덕분에 우리는 계절의 변화를 느낄 수 있단다. 남극이나 북극에서 1년의 절반 정도는 태양이 지지 않는 백야가 나타나고 반대로 절반 정도는 태양이 뜨지 않는 기간이 나타나는 것도 같은 이유지. 우리가 다양한 계절을 즐길 수 있는 것도 다 지구가 삐딱하게 서 있는 덕분이란 것을 생각하면 삐딱한 것이 꼭 나쁜 것만은 아닌 것 같지?

야구공 같은 지구

혹시 야구공 만드는 영상 본 적 있니? 야구공은 속에 공기를 넣는 축구공, 농구공하고는 좀 달라. 속이 꽉 차 있거든. 그런데 야구공의 속이 지구의 속과 비슷하다면 믿을 수 있겠니?

자, 그럼 야구공을 반으로 자른다고 생각해 보자. 우리 눈에는 겉면부터 보이지만 여기서는 속부터 볼게. 야구공의 가장 안쪽에는 코르크로 된 동그란 심이 있어. 이걸 다시 고무로 감싸서 고무공처럼 보이게 만들지. 이제 이 고무공을 실로 감는 거야. 아주 여러 번 반복해서 두껍게, 거의 우리가 생각하는 야구공의 크기로 만들어. 이제 실로 감싼 공의 표면을 가죽 두 장을 이어 꿰매어 주면 드디어 야구공 완성이야.

자, 이젠 지구 차례야. 지구의 가장 안쪽에는 내핵이라는 공 모양의 고체로 된 핵이 있어. 야구공의 코르크에 해당하지. 지구의 내핵을 눈으로 본 사람은 없지만 조사한 바에 의하면 크기는 달 정도, 재료는 주로 철과 니켈이라고 해. 고무 부분에 해당하는 것은 외핵이야. 하지만 외핵은 야구공과는 달리 액체 상태로 되어 있어. 상태는 다르지만 외핵은 내핵처럼 철과 니켈이 주재료래. 외핵은 아주 조금씩 굳고 있기 때문에 아주 먼 미래에는 내핵과 외핵이 합쳐질 수도 있을 거라고 해.

외핵의 바깥쪽, 야구공의 실을 감아 놓은 곳에 해당하는 부분은 맨틀이라고 해. 이 맨틀이 지구의 대부분을 차지한다고 할 수 있어. 맨틀은 일단은 고체이지만 아주 천천히 대류할 수 있는 고체야. 뭔가 약간 액체도 아니고 고체도 아닌, 젤리나 푸딩 같은 느낌이라고 하면 알 수 있겠니?

지구의 내부 구조
지구는 중심부터 내핵-외핵-맨틀-지각으로 된 층상 구조를 가지고 있다.
이 중 외핵은 액체이며 나머지는 모두 고체이다.

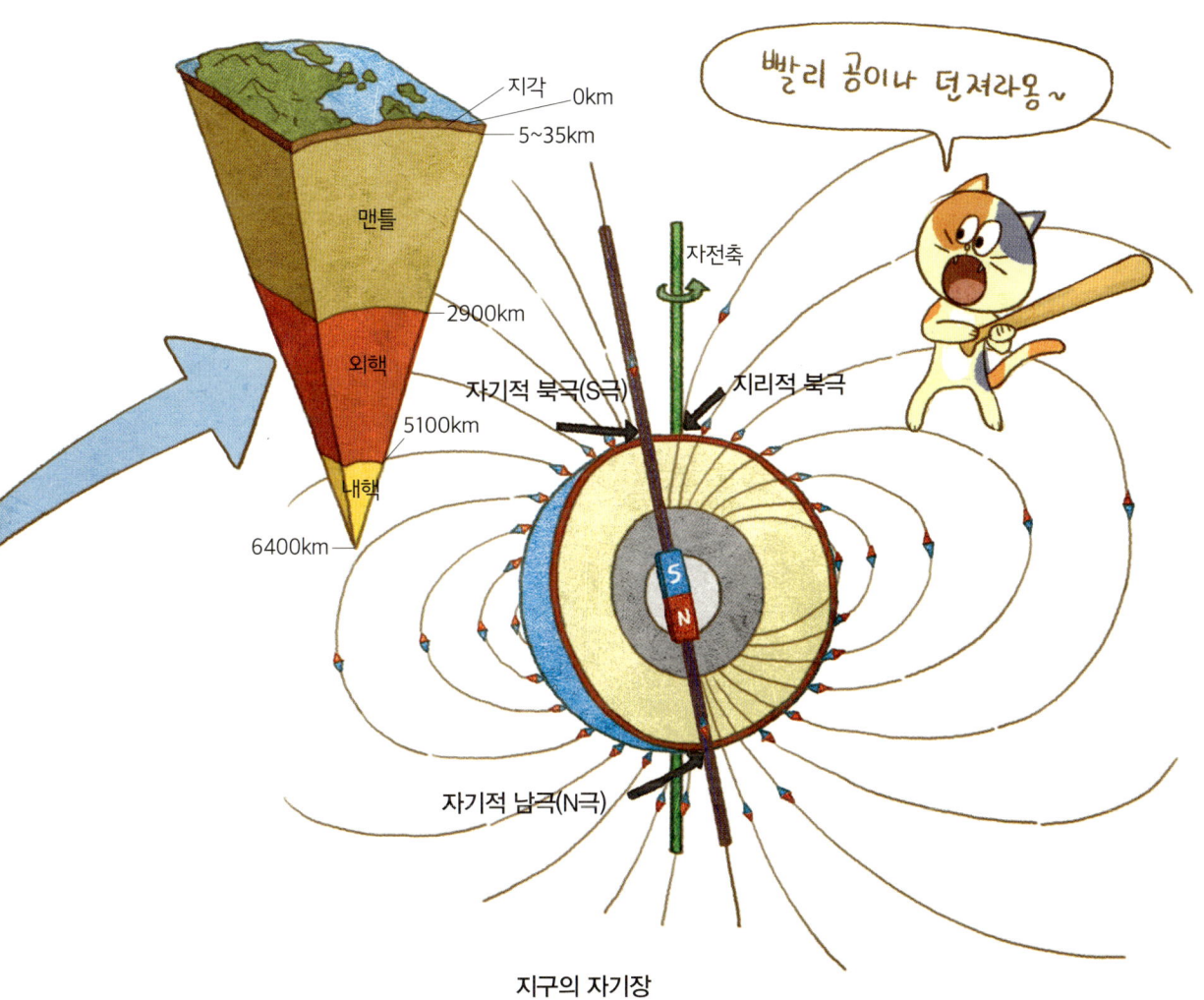

지구의 자기장

현재 지구의 자기장은 북극이 S극, 남극이 N극이다. 자기장은 영원히 한 방향으로 고정된 것이 아니라 자기적 북극과 남극은 조금씩 이동하고 있으며 때로는 방향이 완전히 반대로 바뀌기도 한다.

 마지막으로 공의 가죽에 해당하는 부분을 지각이라고 불러. 바로 우리가 서 있는 땅이야. 지각은 지구 표면의 암석층이지. 우리가 아무리 땅을 파도 지각보다 아래로 내려갈 수는 없어서 지각은 굉장히 두꺼워 보이지만 사실 지구가 보기엔 정말 얇은

껍데기일 뿐이야. 지각의 가장 두꺼운 곳을 기준으로 해도 두께가 65킬로미터 정도인데 약 6400킬로미터인 지구의 반지름과 비교하면 100분의 1 정도 수준이거든.

이런 지구의 구조 중에서 실제로 우리가 경험할 수 있는 곳은 지각뿐이야. 하지만 직접 볼 수도, 갈 수도 없는 내부도 우리의 삶에 아주 큰 영향을 주고 있어. 예를 들어, 액체로 된 외핵은 지구의 자기장을 만들어. 자기장이란 자석의 힘이 닿는 공간을 말하는데 지구에 자기장이 있다는 것은 지구 자체가 거대한 자석이란 것과 같은 뜻이야. 자기장은 우리가 나침반을 사용할 수 있게 해 주는 것뿐만 아니라, 우주의 위험한 입자들로부터 지구의 생물들을 보호하는 역할을 해. 지진이나 화산 같은 현상들도 이러한 지구의 구조 때문에 일어날 수 있어. 보이는 것만큼 보이지 않는 것도 중요하다는 것은 인생뿐만 아니라 지구에서도 마찬가지인가 봐.

지구의 위성, 달

달의 운석 구덩이

해님 달님 이야기를 아니? 아폴론과 아르테미스 이야기는? 연오랑과 세오녀 이야기는?

세 이야기의 공통점이 뭘까? 바로 해, 즉 태양과 달에 관한 이야기들이지. 이야기 속에서 태양과 달은 서로 비슷비슷한 존재라고 생각할 수 있어. 우연히 지구에서는 태양과 달의 크기가 비슷해 보여서 이런 이야기들이 자꾸 나왔지만 태양 입장에선 엄청나게 자존심이 상할 거야. 태양은 태양계의 대장인데 달은 지구의 위성이거든.

위성이란 행성 주위를 도는 천체를 말해. 지구가 태양의 중력에 의해 태양 주위를 공전한다면 달은 지구 중력에 의해 지구 주위를 공전하지. 지구에는 수많은 인공위성도 있지만, 가장 오랫동안 눈에 띄는 모습으로 지구 옆에 붙어 있는 건 역시 달이지.

달의 지름은 지구의 약 4분의 1 정도야. 사실 위성치곤 꽤 큰 편이라 신기하게 여겨지기도 하지. 위성치고는 크지만 그래도 달은 지구보다 작으니까 중력도 작아. 달의 중력은 지구의 6분의 1 정도야. 달에서는 몸무게도 6분의 1이 되고, 점프는 훨씬 높이, 오래 할 수 있지. 그리고 지구와 가장 가까운 천체야. 그러다 보니 달은 지구에 아주 많은 영향을 준단다. 때로는 저 커다란 태양보다 더 강하게 말이야.

달은 인간이 직접 밟아 본 유일한 천체이기도 해. 하지만 이야기 속 달과 달리 직접 도착해서 본 달은 대기도, 물도 없는 그야말로 삭막한 사막이었지. 밤에는 엄청나게 춥고 낮은 엄청나게 덥고, 태양의 자외선과 엑스선은 그대로 떨어지는 무시무시한 환경이니까. 대신 그곳에 찍힌 인간의 발자국은 아주 오랫동안 남아 있을 거야. 바람도, 비도 없으니 발자국을 지울 일이 없거든. 마치 달 표면의 운석 구덩이들처럼 말이지.

그런데 달의 지형을 말할 때에도 지구처럼 육지와 바다라는 표현을 쓰는 것을 알고 있니? 물도 없다면서 무슨 바다냐고? 이 육지와 바다라는 건 지구에서 달을 보던 사람들이 붙인 명칭이야. 지구에서 봤을 때 밝은 곳을 육지, 어두운 곳을 바다라고 부른 것이지. 두 곳의 밝기가 다른 것은 암석 색이 다르기 때문이야. 또 운석 구덩이는 주로 육지 부분에 있고 바다 부분에는 적어. 바다 쪽은 운석이 많이 떨어지던 시대가 지난 후 마그마가 흘러나와 굳은 곳이거든. 운석 구덩이가 마그마에 묻혀 사라진 거야. 지구와 달리 달은 육지가 바다보다 넓어. 물론 지구와 공통점도 있어. 둘 다 육지가 바다보다 더 높은 지대라는 것이지.

달은 어떻게 생겼을까?

달의 생성에 관해서는 여러 가지 이론이 있으나 현재 가장 설득력이 있는 것은 거대 충돌 가설이다. 거대 충돌 가설은 지구가 거의 만들어질 때쯤 테이아라는 거대한 돌덩이와 부딪히고, 그 충격으로 지구의 일부분이 떨어져 나가서 달이 되었다는 가설이다. 지구의 핵이 이미 형성된 단계이기 때문에 외각의 맨틀과 지각이 주로 떨어져 나가 달이 된 것이다. 이 가설은 지구와 달을 이루는 성분의 나이는 비슷하지만 철과 같은 무거운 성분의 비율이 다르다는 것을 설명할 수 있다.

이 이론이 힘을 얻게 된 계기에는 인류의 달 탐사가 있다. 달에 간 우주인들은 달에 여러 가지 기계를 설치하고 달의 암석을 가져왔다. 이를 통해 달에 대한 실제적 증거를 얻을 수 있게 된 것이다.

거대 충돌 가설
화성 정도 크기의 천체가 지구에 부딪히면서 떨어져 나간 부분이 달이 되었다.

 날마다 모양이 바뀌는 달은 변신쟁이

매일매일 똑같은 동그라미로 뜨는 태양과는 다르게 달은 날마다 모습이 조금씩 달라져. 심지어 어떤 날은 나오지도 않아. 변신 자동차도, 마법 전사도 아닌 달이 어떻게 그렇게 모습을 바꿀 수 있는 것일까?

매일 변화하는 달이 신기하지? 마법사도 아닌데 말이야.

삭 · 초승달 · 상현달 · 보름달 · 하현달 · 그믐달 · 삭

으히히~ 내 얼굴은 어떤 걸로 보이냥~?

한 달 동안 달의 모양 변화
음력 초하루부터 초승달-상현달-보름달-하현달-그믐달 순으로 바뀐다. 그믐달 뒤에는 이틀쯤 달이 뜨지 않고 다시 초승달이 뜬다.

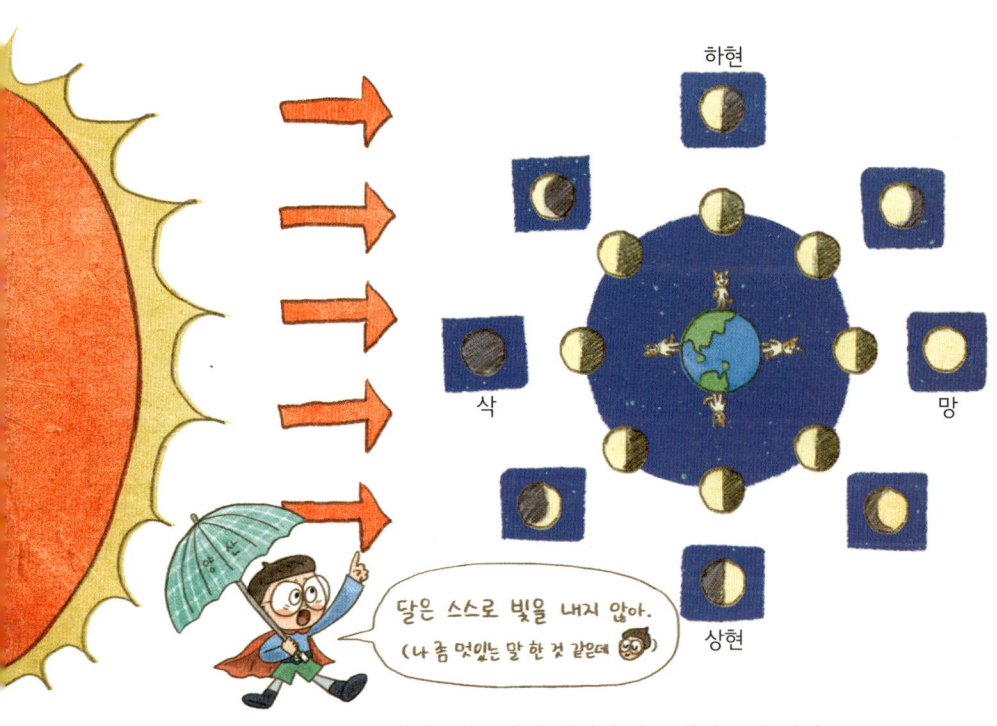

태양, 지구, 달의 위치에 따른 달의 모양 변화
태양, 지구, 달이 이루는 각도와 위치에 따라 달의 모양이 바뀐다.

잠시 퀴즈 하나. 달이 지구 주위를 한 바퀴 도는 데는 얼마나 걸릴까? 정답은 한 달이야. 우리가 말하는 한 '달'이라는 표현이 바로 여기서 나온 거야. 왜 이런 걸 물어봤냐고? 달의 모양이 바뀌는 것은 달의 공전과 관련이 있거든. 달은 스스로 빛을 내는 것이 아니라 태양 빛을 반사해서 빛나는 거잖아. 태양 빛을 받는 반쪽은 밝고 받지 못하는 반쪽은 어두워. 밤하늘에 보이는 달은 밝은 쪽이야. 그런데 달은 지구 주위를 공전하고 그에 따라 태양–지구–달의 위치 관계가 달라지고, 그러면 지구에서 보이는 달의 빛나는 면의 면적이 달라지지. 그 이야기는 곧 달의 모양이 달라진다는 뜻이고. 달의 공전에 한 달이 걸린다는 건

달의 모양과 뜨는 위치
음력 초하루부터 보름까지 저녁 6~7시경 같은 시각에 달을 관찰하면 매일 동쪽으로 이동하는 것을 볼 수 있다.

이 과정이 한 달마다 반복된다는 소리인 것이지.

그럼 달구경은 언제 하는 것이 제일 좋을까? 눈썹 같은 초승달을 좋아하는 친구도, 수박 반쪽 같은 상현달을 좋아하는 친구도 있겠지만 밤새도록 달구경을 하려면 역시 보름달이 최고야. 그럼 다른 달은 밤새도록 떠 있지 않나?

잘 생각해 봐. 낮에는 늘 태양이 떠 있지만, 모든 밤에 달이 있는 것은 아니야. 초승달은 초저녁에 잠시 보이고 금방 서쪽 하늘로 져 버리잖아. 조금 더 생각해 보면 그믐달이나 하현달을 본 기억이 없는 친구들도 있을걸? 하지만 보름달을 못 본 친구는 없을 거야. 보름달은 태양이 질 저녁 무렵에는 동쪽 하늘에서 떠올라 점점 서쪽으로 옮겨 가지. 친구들이 잘 때도 하늘에 둥실 떠 있을 거야. 친구들보다 늦게 잠드는 어른들도 아침이 오기 전까진 언제든지 하늘에서 보름달을 볼 수 있어.

이것도 달의 공전으로 생기는 현상이야. 달의 위치에 따라 달을 볼 수 있는 지구의 위치가 달라지지. 보름달은 태양의 반대쪽에 있어서 밤새도록 볼 수 있다면 초승달은 해 질 무렵 서쪽 하늘에서만 볼 수 있어. 시간이 더 지나 한밤중이 되면 그 위치의 지구에서는 보이지 않는 곳이 되지. 상현달은 초승달보단 늦게 뜨지만 그래도 밤 12시 정도면 서쪽 지평선 너머로 져 버리고. 반대로 하현달은 자정에, 그믐달은 새벽에 떠서 일찍 잠드

일식과 월식

일식은 달이 태양을 가리는 현상이고 월식은 지구 그림자에 달이 가려지는 현상을 말한다. 태양-달-지구 순서로 일직선이 되는 그믐날, 달이 태양을 가리면 일식이 일어난다. 태양-지구-달 순서로 일직선이 되는 보름날, 지구의 그림자 속으로 달이 들어가면 월식이 일어난다. 태양이나 달이 완전히 가려지면 개기 일식, 개기 월식이고 일부만 가려지면 부분 일식, 부분 월식이라고 한다. 개기 월식 때는 달이 아예 안 보이는 것이 아니라 붉은색으로 보이는데 이는 지구의 대기 때문이다. 지구 대기를 통과한 빛의 일부가 굴절되어 달에 도달하는데 주로 붉은색 빛만이 흩어지지 않고 달까지 도달하기 때문에 달은 어두운 붉은색으로 보이게 된다. 태양, 지구, 달의 궤도가 약간 어긋나 있기 때문에 일식과 월식이 매달 일어나지는 않는다. 또 지구의 그림자는 달보다 크지만 지구에서 보이는 태양과 달의 크기는 거의 차이가 없기 때문에 일식보다 월식이 더 자주 일어나 긴 시간 동안 넓은 곳에서 관찰할 수 있다.

일식의 구조도
태양-달-지구 순서가 되는 그믐날 달이 태양을 가리면 일식이 일어난다.

는 어린이들은 보기 힘들지. 사실 그믐달은 낮 동안 내내 떠 있지만 밝은 태양 때문에 볼 수가 없는 것이지만 말이야. 그러니까 달구경도 날짜를 잘 잡아야 한다는 말씀.

그런데 우리는 달의 한쪽 면만 보고 있다는 것을 알고 있니? 달의 모양은 매일 바뀌는데 무늬는 그대로야. 그건 달의 자전, 공전 주기가 같아서 생기는 일이야. 즉 달의 하루는 한 달인 셈인데 이렇게 두 주기가 같은 상태로 돌면 지구를 향하는 달의 면은 항상 같을 수밖에 없어. 그래서 예나 지금이나 전 세계 사람들은 달에서 같은 무늬를 볼 수 있는 것이지. 인간이 달의 뒷면을 본 것은 우주로 탐사선을 보낸 다음이란다.

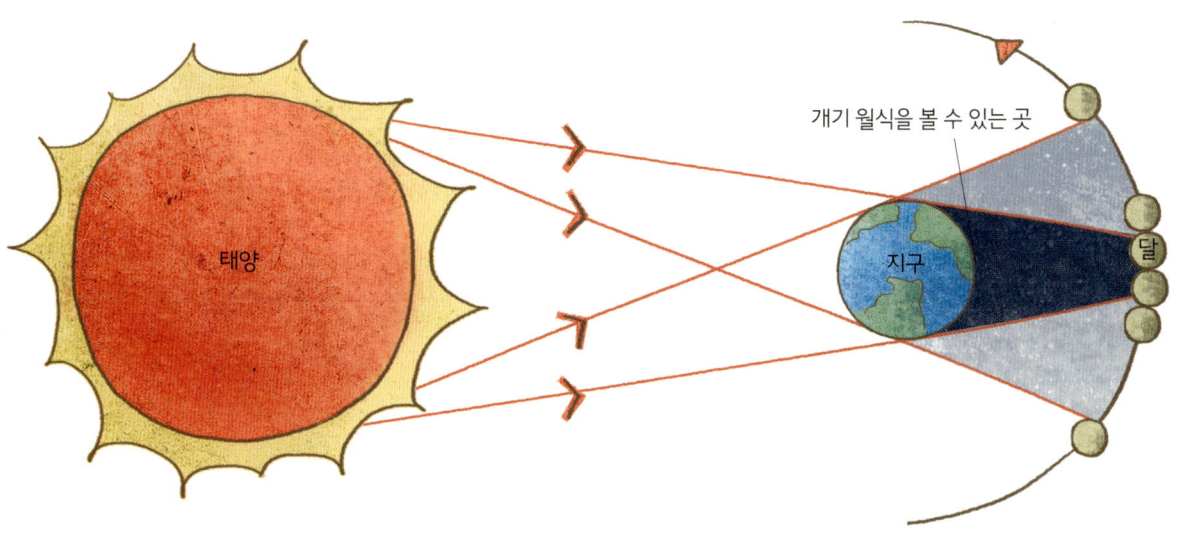

월식의 구조도
태양―지구―달 순서가 되는 보름날, 지구의 그림자 속으로 달이 들어가면 월식이 일어난다.

🌏 바닷물을 당기는 달의 힘

달

　엄청나게 큰 달을 본 적 있니? 슈퍼 문 (Super moon) 말이야. 보름달이 평소보다 지구에 가까이 와서 크게 보이는 것을 슈퍼 문이라고 해. 달과 지구의 평균거리는 38만 4천 킬로미터 정도인데, 35만 7천 킬로미터 쯤 되는 거리까지 가깝게 오게 될 때가 있어. 달의 공전 궤도가 살짝 타원형이라 지구와의 거리가 조금씩 바뀌거든. 슈퍼 문은 거리가 가까워진 만큼 보통 보름달보다 크고 밝지. 이런 달을 보는 것은 또 다른 즐거움이 되곤 해서 뉴스에서도 알려 준단다.

　그런데 슈퍼 문이 뜨는 때 같이 따라오는 예보가 하나 있어. 바로 해수면이 상승할 수 있다고 주의하라는 것이지. 밀물 때 바닷물이 평소보다 높이 밀려와서 시설이나 자동차가 침수될 수 있거든. 반대로 썰물도 평소보다 더 많이 빠져. 덕분에 평소 썰물 때는 바닷물이 있어서 걸어갈 수 없던 섬까지의 길이 열리기도 하지. 우리나라에도 진해나 여수에서 이런 현상을 볼 수 있는 곳이 있어. 어떻게 이런 일이 생기는 것일까?

우리가 알다시피 지구의 표면은 육지와 바다로 되어 있어. 그 중에서 바다가 달에 의해서 더 많은 영향을 받게 된단다. 땅은 딱딱해서 달의 중력에 의해 모양이 바뀌지 않지만 물은 그렇지가 않거든. 물은 쉽게 흐르고 요동치지. 그래서 달이 지구 주위를 돌 때 함께 끌려간단다. 바다에서 하루에 두 번씩 반복되는 밀물과 썰물은 달 때문에 생기는 현상이지. 달과 마주 보거나 반대에 있는 쪽은 밀물이 되고 수직이 되는 곳은 썰물이 되는 거야. 달의 반대쪽이 왜 밀물이 되는지 궁금할 텐데 그건 지구가 자전하면서 생기는 원심력 때문이야. 달의 반대쪽에 있는 바다에는 달의 잡아당기는 힘, 즉 인력보다 원심력이 더 세게 작용하거든. 그래서 해수면이 높아지지.

밀물로 해수면이 가장 높은 때를 만조, 썰물로 해수면이 가장 낮은 때를 간조라고 하고 만조와 간조의 높이 차이를 조차라고 해. 바닷물은 달이나 태양의 인력에 의해 주기적으로 높아졌다 낮아졌다 하는데, 이런 현상을 조석이라고 한단다.

한 달을 기준으로 보면 달, 지구, 태양이 어떤 위치에 있는지에 따라 잡아당기는 힘의 크기는 달라져. 순서는 관계없이 달, 지구, 태양이 일직선상에 놓일 때 그 힘이 가장 세져. 태양과 달이 같은 방향에서 잡아당기거나 태양이 지구 원심력과 같은 방향에서 잡아당기게 되기 때문이야. 보름이나 그믐날이 이때에 해당하지. 이때를 사리라고 하는데 밀물과 썰물의 차이가 가장 크게 된단다. 반대로 상현달, 하현달이 뜨는 때는 태양과 달의 인력이 서로 다른 방향으로 작용해서 조차가 작아지지. 이때는

사리와 조금

태양과 달이 일직선에 놓인 날에는 밀물과 썰물의 차이가 큰 사리가, 태양과 달이 직각으로 놓인 날에는 밀물과 썰물의 차이가 작은 조금이 된다.

조금이라고 불러. 사리와는 반대로 밀물과 썰물의 차이가 가장 적어지는 때야. 하루에 두 번 반복되는 밀물 썰물처럼 사리와 조금도 한 달에 두 번씩 반복되지.

그런데 슈퍼 문이 뜨는 날은 달이 지구에 최고로 가깝게 온다고 했잖아. 그만큼 달의 중력이 강하게 작용하는 거야. 그래서 밀물도 썰물도 평소보다 훨씬 강하게 나타나는 것이지. 하지만 달이 지구에 가장 가까이 오는 날과 보름달이 반드시 겹치는 것은 아니라서 매달 슈퍼 문 현상을 볼 수는 없어.

슈퍼 문과 반대로 미니 문이라는 것도 있어. 이건 달이 지구와 가장 멀어질 때 뜨는 보름달이지. 슈퍼 문이 미니 문보다 크기는 13퍼센트 정도 더 크고 밝기는 30퍼센트 정도 더 밝대. 두 개의 달이 동시에 뜨는 날이 없어서 바로 비교할 수 없는 것이 좀 아쉽네.

태음력과 태양력

달력을 몰래 사용해야 했던 때가 있었다면 믿을 수 있겠니? 1년 12달 365일을 모르는 사람이 어디 있냐고? 요즘은 종이 달력 말고도 휴대폰이나 컴퓨터 등에서 얼마든지 달력을 볼 수 있지. 심지어 월식, 일식 등도 예상해서 뉴스에서 알려 주기도 하잖아. 그런데 옛날에는 그렇지 않았어. 왜 그랬는지 알아보자.

인간이 처음 사용한 달력은 지금과 달랐어. 약 30일 정도 주기로 모양이 바뀌는 달을 보며 만든 달력을 썼어. 이 달력을 태음력이라고 해. 그런데 사실은 달의 공전 주기는 딱 30일이 아니라 29.5일 정도란다. 그래서 음력 날짜를 잘 보면 한 달은 30일, 한 달은 29일 이렇게 되어 있어. 사람들이 보아도 보름달이 59일에 두 번 나타났거든. 이렇게 하면 달의 모양과 달력을 맞추는 일은 얼추 해결된 것처럼 보이지.

그런데 문제가 있었어. 1년이 365일인 건 지구가 태양 주위를 한 바퀴 도는 시간이 365일이기 때문이야. 그런데 달을 기준으로 만들다 보니 1년에 대략 11일 정도가 남는 거야. 3년이면 한 달이 넘고 9년이면 석 달이 넘어. 그러다 보니 계절과 달이 안 맞는 일이 생기고 말았지. 예를 들어 우리는 3월부터 봄이라고 하잖아. 그런데 달만 기준으로 달력을 만들면 9년 뒤에는 6월이 봄이 되는 거야. 달력을 보고 농사를 짓고 할 일을 하는데 이래서는 뒤죽박죽이 되어 버리지. 그래서 만들어진 것이 윤달이야. 윤달이 있는 태양력은 1년 12달이 아니라 13달이 되는 거야.

세종대왕은 우리만의 기준으로 칠정산이라는 달력을 만드셨어.

그런데 윤달은 1년의 중간 중간에 추가로 넣은 것이라 13월이라고 하지 않고 윤4월 이런 식으로 불러. 예를 들어 4월, 윤4월, 5월 이런 식으로. 윤달을 끝이 아니라 중간에 넣는 건 24절기와 관련이 있어. 옛날에는 1년을 24개의 절기로 나누고 절기별로 할 일들을 정해 놓곤 했지. 그런데 날짜가 밀리다 보면 절기가 제때 들어가지 못하는 경우가 생기겠지? 그걸 맞추려고 윤달을 넣다 보면 중간에 들어가는 거야.

윤달을 넣는 달력은 달과 태양의 주기를 모두 고려해서 만들어서 태양태음력이라고 해. 하지만 실제로는 달의 공전 주기도 정확하게 29.5일이 아니고 지구의 공전 주기도 365일이 아니기 때문에 달력에는 더 많은 미세한 조정이 필요하지. 대표적인 예로 2월 29일이 있는 윤년이 있어. 요즘엔 1초를 더하는 윤초도 있지. 지금이야 과학이 발달했고 이런 정보에 접근하는 것이 어렵지 않지만 옛날에는 달랐겠지? 그래서 사람들은 계속 달을 관찰하면서 매번 새롭게 달력을 만들었어.

옛날 우리나라를 비롯한 동아시아의 나라들은 중국의 달력을 받아서 썼단다. 우리나라에선 달력을 만들 기술이 없었을까? 그렇지 않아. 사실 우리나라에서 직접 만들어서 쓸 수도 있었지만 중국에서 그걸 허락하지 않았을 뿐이야. 중국의 달력을 쓴다는 것은 중국의 신하 나라가 된다는 의미를 갖게 되거든. 하지만 중국과 우리나라는 위치도 풍습도 다르잖아. 그래서 천문 현상에 오차가 생기고 생활에서 불편한 점도 있었지. 그래서 세종 대왕은 한양을 기준으로 하는 '칠정산'이라는 것을 만들어 냈어. 하지만 중국에서 이걸 알면 국제 관계가 틀어질 수 있기 때문에 달력이라고 쓸 수는 없었단다. 그래서 칠정산이라는 표현을 써서 달력이 아니라 계산이라는 의미를 갖게 한 거야.

2장
딱딱한 암석 표면 지구

지구의 퍼즐을 맞춰라

　세계 지도를 펼쳐 놓고 구경을 해 볼까? 5개의 바다와 7개의 대륙이 보이니? 자 그러면 이제 7개의 대륙으로 퍼즐을 맞춰 볼까? 마음속으로 7개의 대륙을 하나의 덩어리로 만든다고 생각해 봐. 어디부터 맞추면 좋을까? 아프리카와 남아메리카 대륙부터 하면 어때? 딱 맞을 것 같지 않니?

　이런 생각을 처음 한 사람은 베게너라는 독일의 과학자였어. 베게너는 7개의 대륙이 먼 옛날에는 판게아라고 하는 하나의 거대한 대륙, 즉 초대륙이었다가 시간이 지나면서 서서히 쪼개지고 움직여 지금 같은 모양이 되었다고 주장했지. 이렇게 지구의 표면이 여러 개의 조각, 즉 판으로 이루어져 있다는 이론을 판구조론이라고 불러.

　하지만 이 이야기를 처음부터 믿는 과학자들은 거의 없었어. 도대체 누가 저 큰 대륙을 종이 찢듯 찢어서 옮길 수 있겠어? 하지만 멀리 떨어진 대륙간 해안선 모양이 유사할 뿐 아니라 같은 지층이나 같은 종류의 화석이 발견되는 등의 다양한 증거들이 발견되었어. 지금은 눈과 얼음뿐인 남극 대륙에서도 나무나 공룡 화석이 발견되었지. 또 세계에서 가장 높은 에베레스트산이 있는 히말라야산맥이 지금도 높아지고 있다는 것도 판 구조론의 증거 중 하나야.

지각을 구성하는 판과 오늘날 대륙의 모습

초대륙 판게아와 대륙 이동 모습
하나였던 대륙이 판의 이동에 따라 이동하며 나뉘어 지금과 같은 모습이 되었다. 판은 계속 이동하기 때문에 미래에는 또 다른 모습의 대륙이 나타날 것이다.

지구가 커다란 자석인 것을 이용하면 판이 움직인 방향을 알 수도 있어. 자연 속에 있는 자석 성분들은 지구 속 자석을 따라서 방향을 정하게 되거든. 그러다 지층이 굳으면 그 방향 그대로 굳어 버리지. 그런데 오래전 지층을 보면 이런 자석 성분들이 지금과는 다른 방향으로 고정되어 있어. 그걸 조사해서 시간을 거꾸로 돌리면 대륙이 언제, 어떤 방향으로 어떻게 움직였는지 알 수 있단다. 물론 판들이 지금도 움직이고 있다는 것은 따로 말하지 않아도 알겠지?

그럼 도대체 누가 저 크고 무거운 땅을 움직이는 것일까?

맨틀 대류와 판의 이동
핵의 열로 인하여 뜨거워진 맨틀은 위로 솟아오르며 대류하게 되고 그 방향에 따라 판이 이동하게 된다.

지각을 움직이는 것은 판 아래에 위치한 맨틀이야. 맨틀이 움직이면 그 위의 지각은 따라 움직일 수밖에 없잖아. 맨틀이 대류할 수 있는 고체라는 것은 앞에서 이야기했지? 그럼 맨틀은 또 누가 움직이게 하는 걸까? 맨틀을 움직이게 하는 것은 맨틀 아래쪽의 외핵이야. 하지만 외핵이 직접 움직여서 맨틀이 이동하는 것은 아니야. 외핵은 굉장히 뜨거운데 이 열이 맨틀을 그야말로 뜨겁게 끓여서 대류하게 만드는 것이지. 마치 우리가 가스레인지로 냄비 속 물을 데울 때 물이 위아래로 빙글빙글 도는 것처럼 말이야. 판을 움직이는 것은 지구 자신, 지구 내부의 열에너지란 이야기야.

지구의 엑스레이 지진파

맨틀의 움직임에 따라 지각들은 서로 부딪히기도 하고 멀어지기도 해. 하나의 지각이 다른 지각 밑으로 들어가기도 하고 솟아오르기도 하지. 그런데 우리는 왜 지각이 움직이는 것을 느낄 수 없는 것일까? 그건 맨틀이 고작해야 1년에 수 센티미터

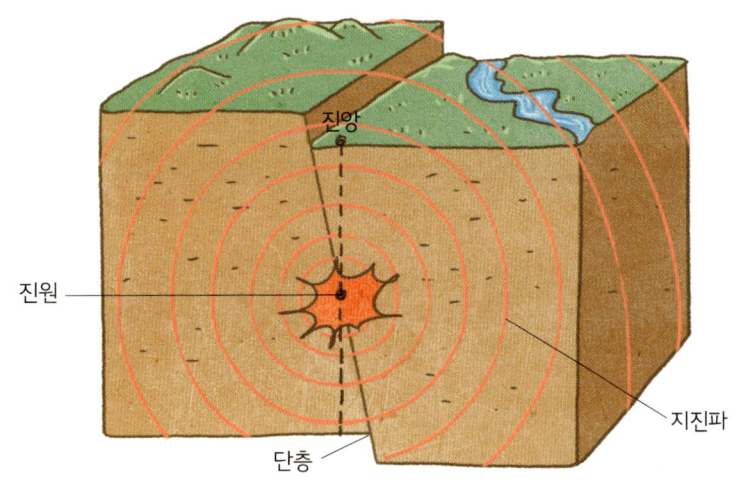

진앙과 진원
진원은 땅속의 실제 지진이 일어난 곳, 진앙은 진원 바로 위의 지표상의 지점을 의미한다. 실제 진원이나 진앙은 작은 점이 아니라 넓은 면으로 존재한다.

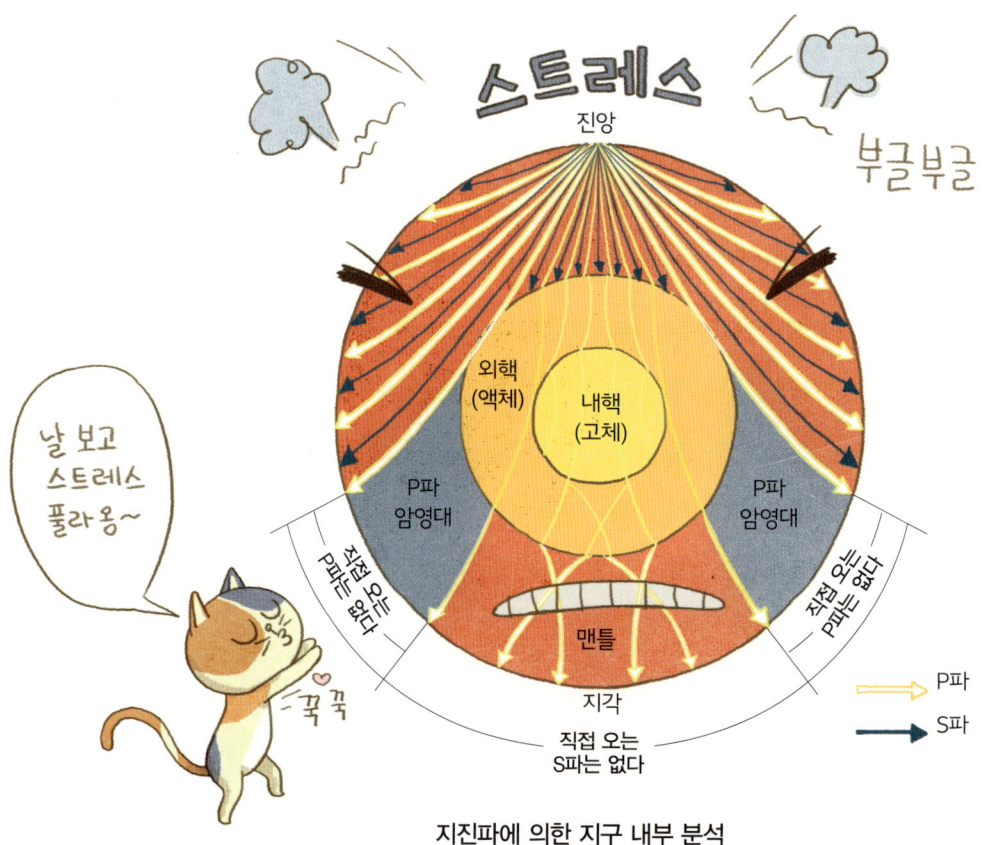

지진파에 의한 지구 내부 분석
지진파의 도착 여부와 시간 등을 분석하여 지구 내부 구조의 크기와 상태를 알 수 있다.

라는 굉장히 느린 속도로 대류하기 때문이야. 하지만 이게 계속 쌓이면 딱딱한 지각은 언젠가는 폭발하기 마련이지. 마치 지속적으로 스트레스를 받은 사람처럼 말이야. 그게 바로 지진이야. 쌓인 스트레스, 즉 에너지 양에 따라 지진의 크기는 달라져. 쌓인 양이 많을수록 큰 지진이 일어나지.

지진의 피해 때문에 사람들은 지진을 무섭고 나쁜 것이라고

만 생각하기 쉬워. 하지만 지진이 나쁜 부분만 있는 것은 아니야. 우리가 지구 속으로 들어가지도, 지구를 반으로 쪼개지도 않았지만 내부 구조를 알 수 있는 것은 지진 덕분이라고 할 수 있거든.

지진파는 지진의 파동이야. 파동이란 어떤 진동이 사방으로 퍼져 나가는 것을 뜻하지. 파동은 종류에 따라, 통과하는 물질의 종류와 상태에 따라서 속도나 통과 가능성이 바뀌어. 예를 들어 지진파 중에는 P파와 S파란 것이 있는데 P파는 고체와 액

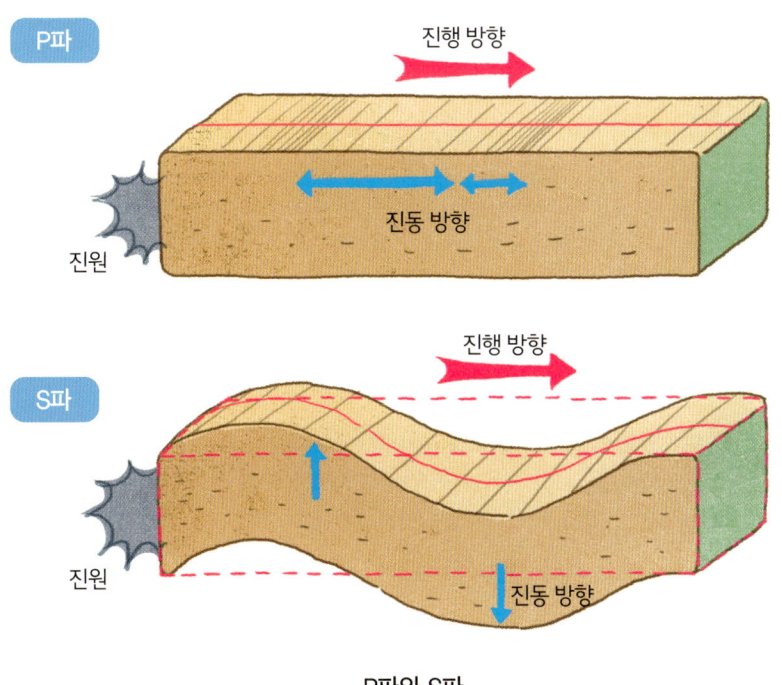

P파와 S파
P파는 진행 방향과 진동 방향이 같은 종파, S파는 진행 방향과 진동 방향이 수직인 횡파이다. S파의 출렁거림이 지진에 의한 피해를 더 크게 만든다.

체, 기체 모두를 통과하지만 S파는 고체만 통과할 수 있지. 이 성질을 이용해서 지구의 외핵이 액체란 것을 알 수 있었어. 또 같은 파동이라도 물질의 상태나 밀도에 따라 속도가 달라지고, 다른 물질을 통과할 때는 진행 방향이 꺾이는 굴절이 일어나기도 해. 과학자들은 이런 지진파와 관련된 자료를 모으고 계산하고 연구해서 지구 내부의 구조와 밀도 등을 알아낸 거야.

이렇게 지진파를 통해서 지구 안쪽의 구조를 알 수 있는 것은 달에서도 마찬가지란다. 달에 갔던 사람들은 달에 지진계를 설치했거든. 이 지진계에 기록된 달의 지진을 통해서 달의 내부 구조는 지구와 좀 다르다는 것을 알 수 있었지. 사실 달의 지진은 지구의 지진과는 달라서 지진계에 잡히는 것은 주로 운석 충돌에 의한 충격파나 지구 중력과 관련된 작은 떨림 같은 것들이야. 그래도 이런 것들을 조사해서 달에도 핵과 맨틀이 존재한다는 것을 알게 되었어.

폭발로 산이 만들어진다고?

　재난 영화 같은 걸 보면 화산이 갑자기 폭발하면서 사람들이 죽고 다치거나 숲이 불타는 장면이 나와. 영화가 아니라 뉴스에서도 나오고 말이야. 그런 걸 보다 보면 자연이 얼마나 힘세고 무서운지 느끼게 되잖아. 그런데 어떻게 폭탄도 아닌 산이 폭발하지?

　지진과 마찬가지로 화산도 지구 내부의 힘에 의해 일어나는 현상 중 하나야. 지구 내부의 열에너지 때문에 땅속 깊은 곳의 암석 덩어리가 녹아서 마그마를 만들고, 그 마그마가 땅 위로 분출하면 화산이 되는 것이지. 이게 바로 우리가 말하는 화산 폭발, 다른 말로 화산 분화야.

　마그마는 암석이 녹은 것이지만 액체로만 되어 있는 것은 아니야. 고체인 성분도 있고, 수증기 같은 기체도 같이 녹아 있지. 이런 성분들은 화산이 분화할 때 같이 분출된단다. 마그마가 땅 밖으로 나오면 녹아 있던 기체는 공기 중으로 빠져나가고 용암으로 바뀌어. 뻘겋게 빛을 내며 흐르는 용암을 본 적 있지? 용암은 너무 뜨거워서 빛이 나거든. 하지만 밖을 흐르다 보면 점점 온도가 내려가고 빛을 잃고 굳어서 암석이 되고 그게 높이 쌓이면 화산이 되지. 바다 한가운데서 화산이 분화하면 섬이 생기기도 하고, 잘 흐르는 용암은 평원을 만들기도 해. 제주도나 한탄강 주변 철원 평야가 그 예라고 할 수 있지.

마그마나 용암이 굳어서 만들어진 암석을 화성암이라고 해. 우리나라에서는 주로 화강암과 현무암을 볼 수 있어. 화강암은 땅속 깊은 곳에서 마그마가 천천히 식어서 만들어진 암석이라 암석을 이루는 입자의 크기가 크지. 현무암은 제주도에서 많이 볼 수 있는데 용암이 빠르게 굳어서 만들어져서 입자가 작아. 현무암에는 기체가 빠져나가면서 만든 구멍이 남아 있는 경우도 많아. 두 암석 모두 우리 생활에서 많이 이용되고 있어. 특히 화강암은 우리나라 여러 곳에서 나는 데다 가공하기도 쉬워서 건축, 장식 등 정말 다양한 곳에서 사용되고 있어. 석굴암의 불상들도, 컬링의 스톤도 모두 화강암으로 만든 거야.

화성암이 아니더라도 화산이 우리에게 도움을 주는 경우는 또 있어. 화산 근처에서는 온천이 발견되는 경우가 많고, 특이한 지형이 있는 경우가 많아서 관광지로 개발되는 일이 많아. 아예 화산이 분화하는 모습을 구경하러 가기도 하지. 화산재는 토양을 비옥하게 해서 농작물이 잘 자라게 해 줘. 그뿐 아니라 마그마의 열을 이용해서 지열 발전으로 전기를 생산하는 곳도 있어.

　하지만 화산으로 인한 피해도 만만치 않아. 화산재 때문에 공항이 마비되기도 하고 산불이 나거나 농작물이 피해를 입기도 하지. 화산석이 날아와서 사람이나 동물을 다치게 하기도 하고 집이나 시설을 파괴하는 경우도 있어. 용암이 흐르면서 지나가는 길의 모든 것을 삼켜 버리기도 하지. 화산으로 인한 가장 끔찍한 사건은 고대 로마의 폼페이를 들 수 있을 거야. 지금도 활동하는 베수비오 화산이 폭발하면서 내뿜은 어마어마한 양의 화산재와 돌들이 폼페이라는 도시 전체를 덮어 버렸어. 엄청난

화산의 구조와 분출물
땅속 깊은 곳에 있던 마그마가 지표를 뚫고 나오면 화산이 만들어진다. 화산 분출물은 기체인 화산 가스, 액체인 용암, 고체인 화산재, 화산 암석 등이 있다.

열기의 화산재로 인해서 도시 안의 사람들은 모두 죽고 폼페이 시는 그대로 멸망했어.

그럼 화산이 분화하는 것을 미리 알 수 있을까? 예측이 거의 불가능한 지진과는 달리 화산은 분화하기 전에 여러 가지 힌트를 준단다. 가스나 온천이 갑자기 솟아난다거나 지표면이 불룩해지거나 땅의 온도가 상승하는 일이 있어. 때론 작은 지진이 반복적으로 일어나기도 해. 이러한 현상들이 반복되면 사람들은 화산이 폭발할 것 같다고 예상하고 대피할 수도 있어.

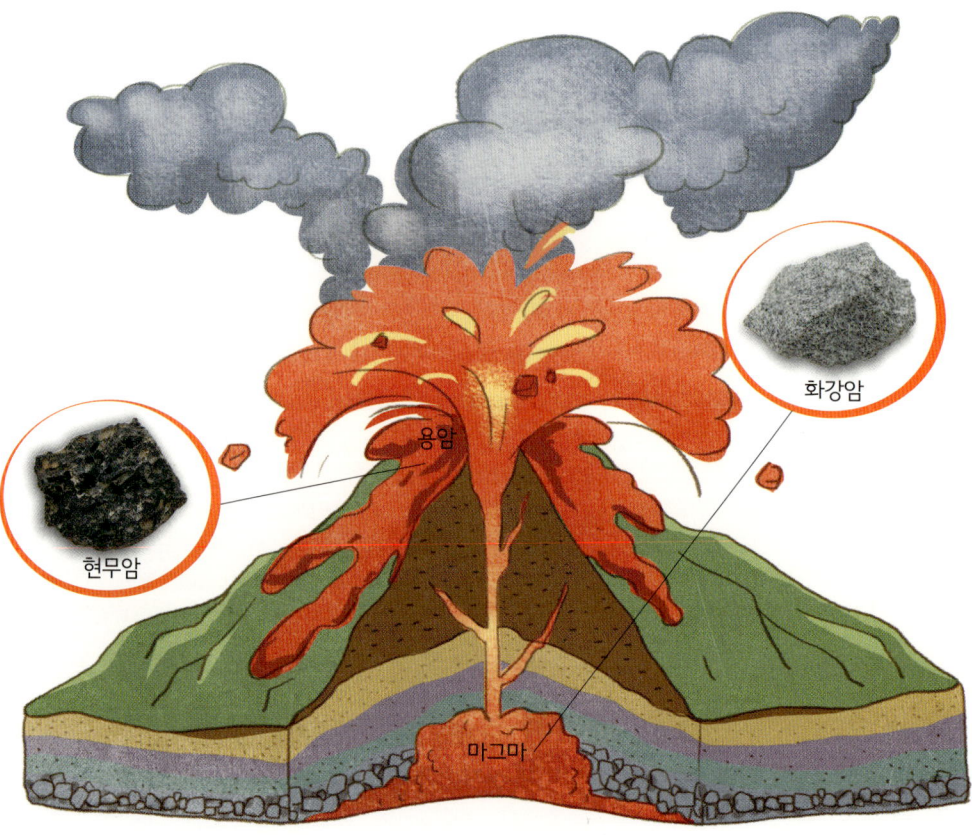

화산의 구조와 분출물

세상에서 가장 격렬한 만남의 장소, 판의 경계

지구의 표면을 이루는 판이 여러 개의 조각으로 이루어져 있다는 것은 이미 이야기했어. 그런데 판이라고 모두 같은 것은 아니야. 판은 대륙판과 해양판, 이렇게 두 가지로 나눌 수 있단다. 우리들이 사는 땅 부분이 대륙판이고, 깊은 바다 부분은 해양판이지.

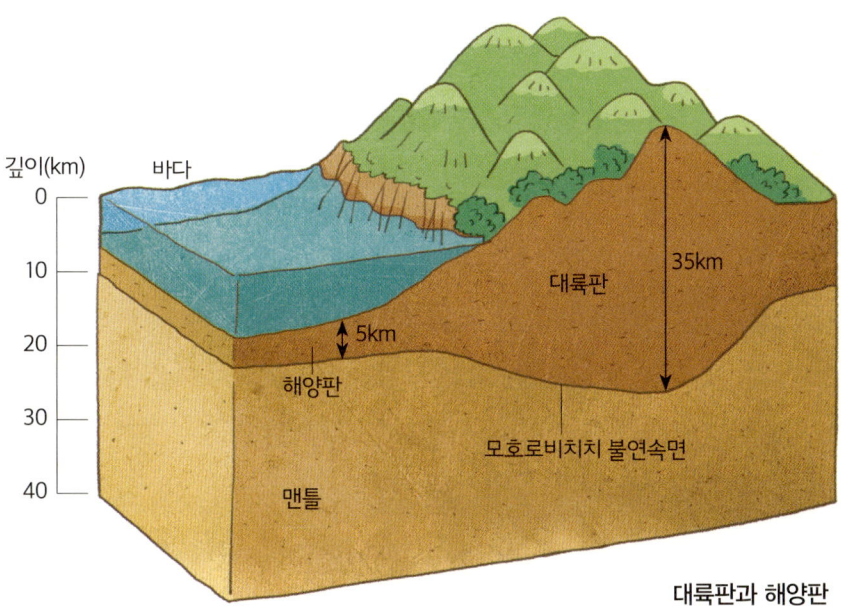

대륙판과 해양판

육지에서 우리는 높고 낮은 산과 골짜기, 넓은 들판에 모래가 잔뜩 쌓인 사막 같은 다양한 지형을 볼 수 있어. 그럼 바닷속은 어떨까? 사막이야 없지만 바닷속에도 육지처럼 산과 골짜기, 들판이 있어. 오히려 바닷속 지형은 육지보다 훨씬 거대하지. 예를 들어 가장 깊은 바닷속 골짜기인 마리아나해구의 가장 깊은 곳은 1만 미터가 넘거든. 에베레스트산이 8000미터 정도니까 비교가 되지?

해구는 해양판과 대륙판이 만날 때 해양판이 대륙판 밑으로 사라지며 생기는 골짜기야. 이곳에서 해양판은 지구 안쪽으로 들어가며 사라지지만 육지 쪽에는 일렬로 늘어선 섬이나 산맥 같은 것들이 생긴단다. 일본 열도나 안데스산맥이 그 예지.

해저 지형 모식도
바닷속도 지상처럼 평지, 골짜기, 산지 등 다양한 지형이 존재한다.

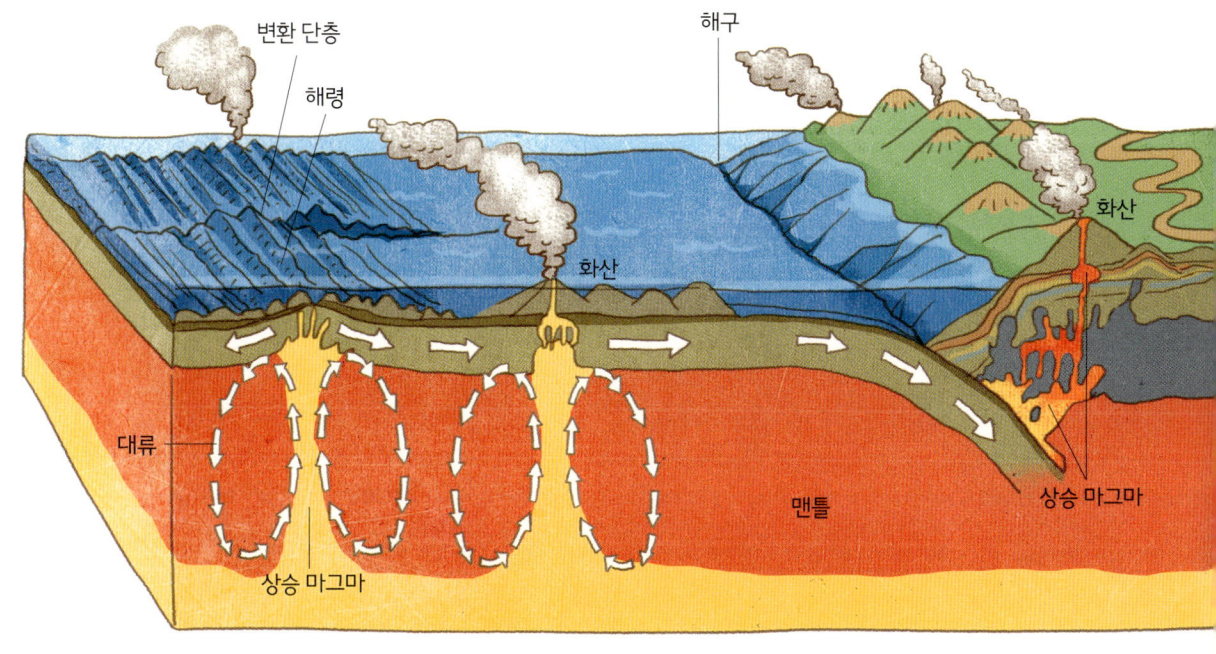

해구와 해령
골짜기인 해구에서는 판이 사라지고 산맥인 해령에서는 판이 생겨난다.

해령은 해구와는 반대로 판이 새로 만들어지는 곳이야. 두 개의 판이 반대 방향으로 멀어지면 사이에서 끝없이 마그마가 상승하며 새로운 땅, 산을 만들게 돼. 이 화산들이 판의 경계를 따라 늘어서서 길게 만들어진 산맥이 해령이야. 화산은 보통 산맥을 이루지 않지만 해령에서는 예외야.

같은 종류의 판끼리 만나면 거대한 산맥을 만들기도 해. 인도와 중국의 국경에 있는 히말라야산맥이 이렇게 만들어진 산맥이야. 인도와 중국은 같은 아시아 대륙으로 보이지만 사실은 다른 판이거든. 게다가 인도가 속한 판이 계속 중국이 속한 판 쪽

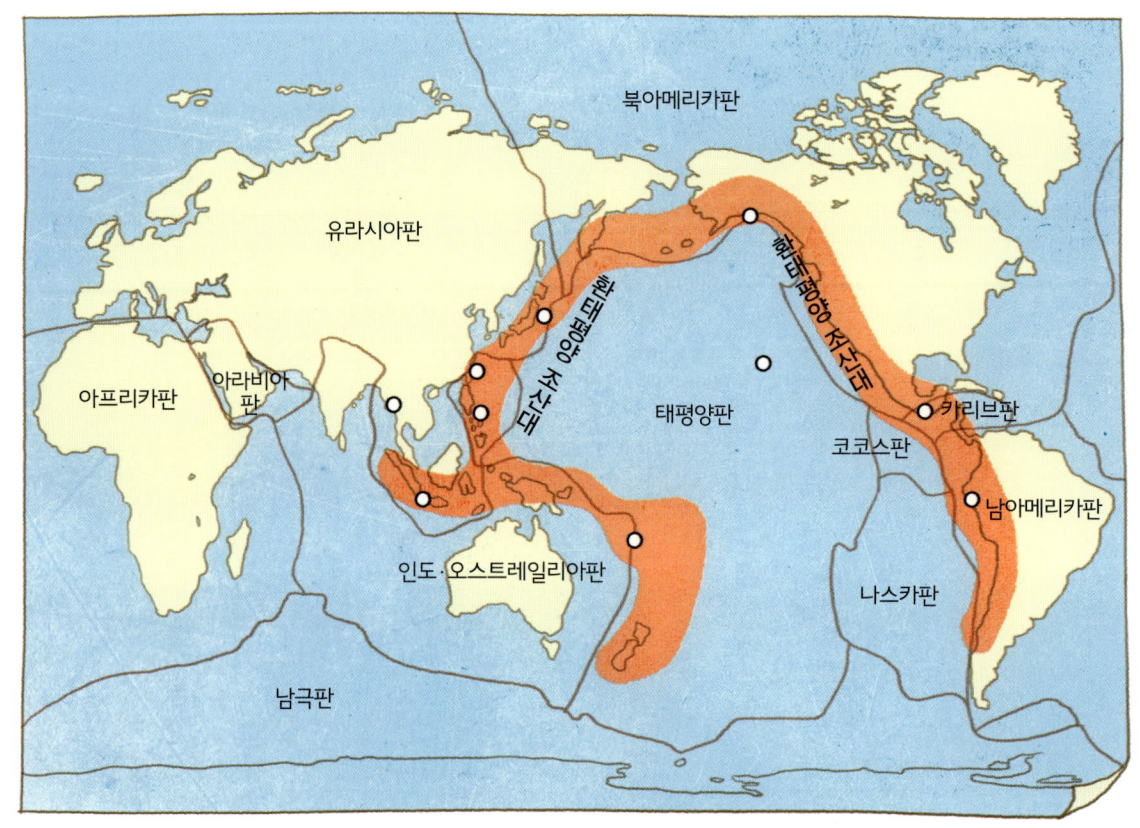

불의 고리라 불리는 환태평양 조산대

으로 다가오고 있기 때문에 히말라야산맥은 아직도 높아지고 있어.

대륙 위에서 해령처럼 판들이 멀어지면서 만드는 골짜기인 열곡대나, 판과 판끼리 미끄러지면서 만드는 단층도 존재해. 대표적인 예로 동아프리카 열곡대나, 미국의 샌앤드레이어스 단층이 있지.

당연한 이야기지만 이런 판의 경계에서는 화산이나 지진 활

> **왜 해양판이 대륙판의 아래로 들어갈까?**
> 해양판과 대륙판은 성질이 다른데 둘의 밀도를 비교하면 해양판의 밀도가 더 높다. 밀도가 높은 쪽이 같은 부피라면 더 무겁기 때문에 해양판이 대륙판의 밑으로 들어가게 된다. 두께를 비교하면 대륙판 쪽이 더 두껍기 때문에 바다보다 높이 솟아 있는 모양이 된다.

동이 활발하게 일어나. 특히 화산이나 지진이 자주 발생하는 곳을 띠처럼 이어 놓은 것을 조산대, 지진대라고 하는데 둘이 거의 일치하는 것도 같은 이유야. 그중에서도 가장 규모가 큰 곳은 태평양 가장자리에 있어. 둥근 고리 모양이라 환태평양 조산대, 환태평양 지진대라고 하는데 위에서 이야기했던 마리아나 해구, 일본, 안데스산맥, 샌앤드레이어스 단층이 모두 여기에 속해. 환태평양 조산대의 다른 이름은 불의 고리인데 어떤 의미인지 알 것 같지 않니? 이 지역의 사람들은 이런 환경적 요인으로 인하여 화산 활동과 지진에 민감하고, 언제나 대비하며 살아간단다.

지진은 예측이 가능할까?

우리나라는 지진의 안전지대일까? 꽤 오랫동안 그렇게 생각했지만 꼭 그렇지만도 않다는 게 요즘 이야기야. 아주 큰 지진은 없지만 작은 지진은 제법 일어나고 있고, 실제로 지진으로 인해 큰 피해를 겪은 일도 있으니까. 또 뉴스를 보면 근처의 일본이나 중국에서도 큰 지진이 일어나서 많은 사람이 죽고 다쳤다는 이야기가 나오잖아. 그런데 지진을 예측해서 미리 준비를 한다면 피해를 줄일 수 있을 텐데 왜 그러지 못하는 걸까?

지진이 일어나는 이유는 지각이 움직이기 때문이야. 스트레스를 받으면서 버티던 지각이 어느 순간 확 움직이면 지진이 일어나는 것이지. 그런데 그 순간이 언제일지, 얼마나 큰 지진일지 일어나기 전엔 알 수가 없어. 물론 지진의 규모는 그동안 쌓인 힘이 얼마나 많은가에 따라 달라진다는 것은 알고 있어. 작은 지진이 자주 오는 경우도 있지만, 오랫동안 많은 힘이 쌓여 한 번에 큰 지진이 일어나는 경우도 있는 것처럼 말이야. 또 화산과 달리 지진은 미리 나타나는 현상이 거의 없어. 물론 큰 지진이 일어나기 전엔 작은 지진이 반복된다든가, 경험적으로 언제쯤 지진이 일어날 것이라고 예상을 하는 경우는 있지만 말이야. 하지만 이때도 정확한 날짜나 시간을 알 수 있는 것은 아니야.

그러다 보니 과학자들은 지진을 미리 알려 주기보단, 일단 지진이 난 뒤에 사람들에게 빨리 알리는 기술을 개발하고 있어. 지진이 많이 일어나는 해외 여러 나라뿐만 아니라 우리나라에서도 지진 조기경보를 시범 운영하고 있지. 보통 P파가 S파보다 빠르다는 지진파의 속도 차이를 이용하는 거야. 지진이 일어나면 진원으로부터 P파가 먼저 도착하고 그 후에 S파가 도착하는데, 이러한 시스템은 P파가 감지되었을 때 재빨리 사람들에게 알려 주는 거야. 두 지진파의 도착 시간 차이는 크지 않지만, 지진의 피해는 P파보다 S파에 의한 것이 크기 때문에 짧게라도 대비할 시간을 벌어 주어 피해를 조금이라도 줄이는 효과는 있어.

물론 과학자들은 이정도로 만족하지 않지. 지진을 예측하기 위한 노력도 계속되고 있어. 이런 노력들이 계속되면 언젠간 지진을 예측해서 피해를 최소로 만들 수 있는 날도 오게 되겠지?

 흙은 어디에서 왔을까?

판을 이루는 지각들이 처음 만들어질 때는 거대한 암석 덩어리였어. 하지만 우리가 살아가는 땅은 하나의 거대한 바위 덩어리만 있는 것이 아니라 크고 작은 바위와 돌, 모래, 흙이 섞여 있지. 바위, 자갈, 모래, 흙이 모두 암석에서 온 것이란 것은 쉽게 예상할 수 있을 거야. 그럼 암석을 쪼개서 다른 형태로 만드는 것은 무엇의 작용일까?

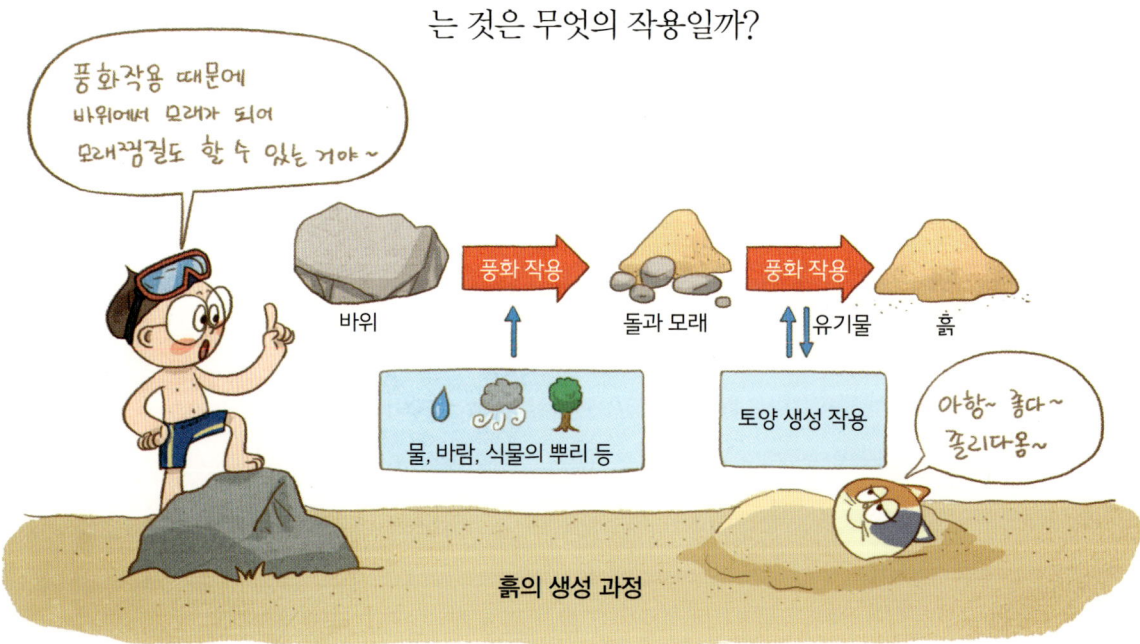

흙의 생성 과정

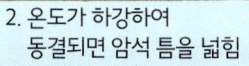

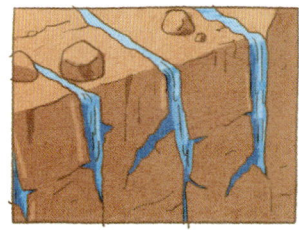
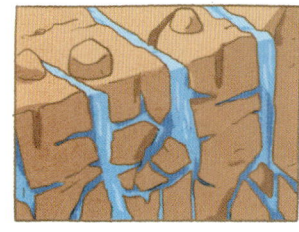
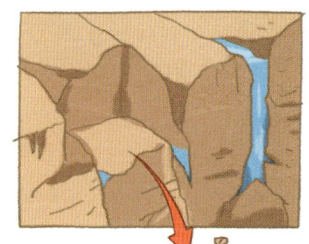

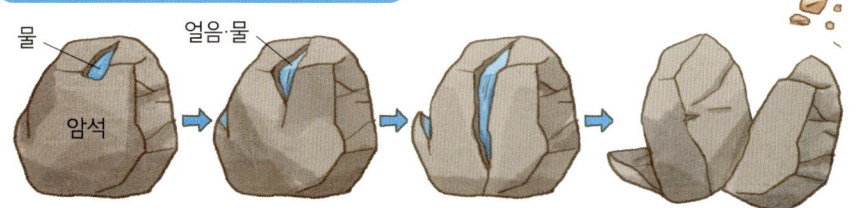

물에 의한 기계적 풍화 작용

 암석이 제자리에서 부서져 작은 돌과 흙이 되는 것을 풍화라고 해. 풍화는 다시 암석의 성질 변화는 없이 크기만 바뀌는 기계적 풍화와, 암석의 성분과 크기가 모두 바뀌는 화학적 풍화로 나뉘지.

 땅속 깊은 곳에서 만들어진 암석이 지표로 나오면 낮아진 압력 때문에 팽창하면서 쪼개져서 풍화가 일어나. 바람이나 물, 햇빛에 의해서도 일어나지. 생물이 풍화를 일으키는 경우도 있어. 바위틈에 식물이 뿌리내리면서 암석을 부순다거나, 인간이

압력 변화에 의한 기계적 풍화 작용

 산이나 바위를 쪼개고 부수는 것도 모두 풍화지. 이것들은 모두 기계적 풍화야.

 철을 공기 중에 두면 녹스는 것처럼 암석도 공기나 물을 만나서 성질이 변하기도 해. 철 성분이 든 암석이 녹슨 것처럼 붉게 바뀌거나 대리석이 산성비를 만나 녹기도 하지. 때론 생물이 생명 활동을 하면서 만들어 내는 물질이나, 죽은 뒤 썩으면서 생

석회동굴은 화학적 풍화 작용의 예이다.

기는 물질이 암석의 성분을 바꾸고 분해해서 풍화를 일으키기도 해. 이런 것들은 암석의 크기와 성질이 모두 바뀌니 화학적 풍화야.

춥고 건조한 곳에선 기계적 풍화가, 덥고 습한 곳은 화학적 풍화가 일어나기 쉬워. 하지만 둘이 함께 일어나는 경우가 더 많고 그건 풍화 속도를 더 빠르게 만들지. 물론 빠르다고 해도 인간의 눈엔 너무 느린 속도지만 말이야. 예를 들어 풍화 작용으로 바위가 두께 1센티미터의 흙이 되는 데 무려 200년이나 걸린대.

가끔은 풍화 작용 때문에 문화재가 상하거나, 낙석이 생기는 등의 문제가 발생할 수도 있어. 하지만 풍화 작용이 없다면 지구의 모습은 지금보다 훨씬 더 메마르고 스산했을 거야. 사방을

화학적 풍화(원각사지 십층 석탑)
대리석으로 된 원각사지 십층 석탑이 산성비에 녹아 일부 훼손되었다. 현재는 유리벽으로 둘러싸 보호하고 있다.

둘러봐도 거대한 암석 덩어리밖에 없었을 테니 말이야. 게다가 풍화 작용으로 만들어진 흙이 다양한 성분과 섞이면서 비옥한 토양이 되거든. 멋진 풍경도, 우리가 여러 가지를 먹고 살 수 있게 된 것도 풍화 작용이 있기 때문이란 걸 잘 기억해 두라고.

땅의 모양을 바꾸는 물

 풍화 작용은 거대한 암석을 작은 알갱이로 바꾸어 주지만 제자리에서 일어나는 현상이야. 하지만 지표의 실제 모습은 좀 더 복잡하지. 산에는 큰 돌들이 많고, 바닷가에는 작은 모래사장이 많아. 강의 중간쯤에는 자갈밭이 펼쳐져 있지. 지구 전체에서 누군가가 풍화된 돌들을 옮기는 것 같은데 그게 누구일까? 바로 물이야. 지구의 중력 때문에 물은 높은 곳에서 낮은 곳으로 흘러가. 그런데 물이 그저 흐르기만 하는 것이 아니라 많은 일을 하고 있단다. 게다가 한 번에 여러 가지 일을 하고 있는 능력자이기도 해.

 바다로 흘러 들어가는 강을 거슬러 올라가다 보면 산속의 작은 물줄기에서 시작되는 것을 알 수 있어. 여기를 강의 상류라고 해. 상류는 산지라 경사가 급하니까 물이 빠르고 세게 흘러. 그러면서 아주 조금씩이지만 주변의 돌들을 깎고 제법 큰 돌부터 작은 모래 같은 것들도 함께 옮기지. 이런 돌이나 모래가 또 다른 돌에 부딪히면 또 깎이고, 부서져서 떠내려가는 거야. 이

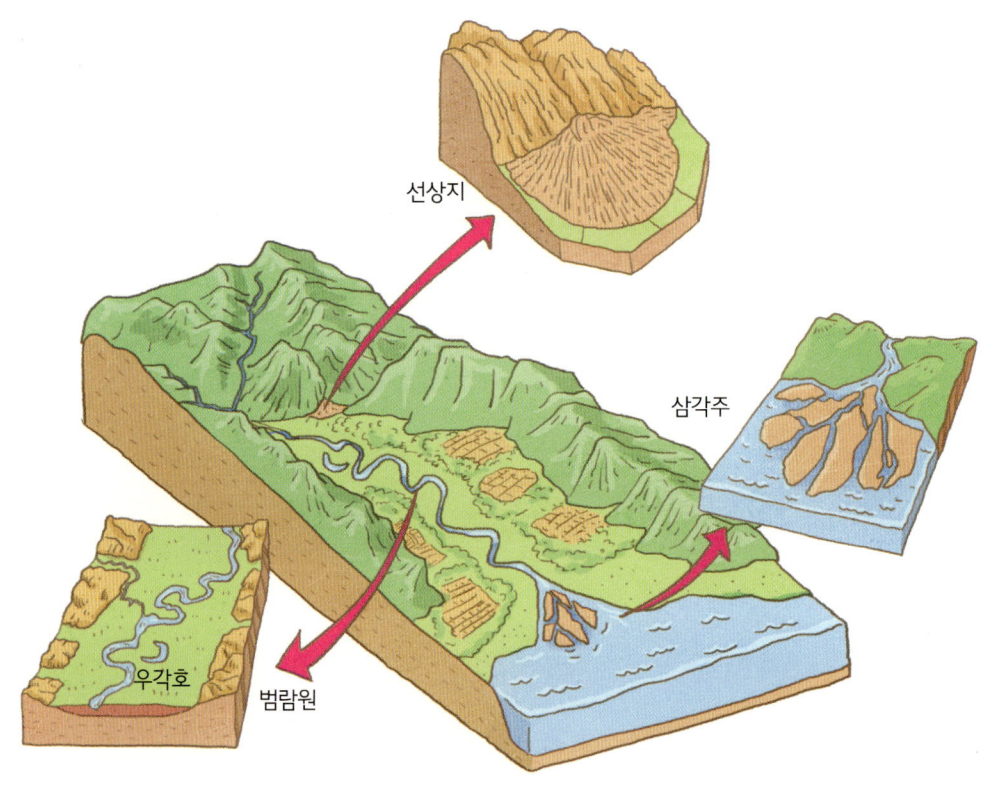

강 주변의 지형

선상지: 산을 흐르던 강이 평지로 나오면서 유속이 느려지며 쌓인 퇴적물로 만들어진 부채꼴 모양의 지형.
우각호: 구불구불하게 흐르는 강물의 침식 작용과 퇴적 작용으로 인하여 만들어진 소 뿔 모양의 호수로 주로 강의 중류에서 만들어진다.
범람원: 큰 비 등의 이유로 강물이 불어나 넘칠 때 퇴적물이 쌓여 만들어진 평야로 강 하류의 양쪽에 생긴다.
삼각주: 강의 하류와 바다가 만나는 곳에 생기는 삼각형 모양의 퇴적 지형.

렇게 암석이나 바닥을 깎아 내는 것을 침식 작용이라고 해. 돌이나 모래 같은 것들을 옮기는 것은 운반 작용이라고 한단다.

이렇게 흐르다 보면 여기저기서 물줄기들이 모이고 물길도 넓어져. 강물이 구불구불 흐르는 이곳을 강의 중류라고 해. 구불구불한 강의 바깥쪽은 물이 빨리 흘러서 침식 작용이, 안쪽은 느리게 흘러서 물질들이 쌓이는 퇴적 작용이 더 잘 일어나. 그러면서 우각호 같은 신기한 지형을 만들기도 해. 강의 중류에선 많이 크고 무거운 자갈들은 바닥에 가라앉아. 아무래도 상류보다는 물의 속도가 느려져서 힘이 빠졌거든. 그래서 이곳의 돌들은 상류보단 작고 덜 뾰족해.

중류를 지나 바다가 가까워지면 강폭은 더 넓어지고 구불거리는 것도 덜해. 물의 속도도 더 느려지지. 여긴 강의 하류야. 작고 가벼운 입자들만 여기까지 올 수 있어. 그러다 강은 결국 바다와 만나고 흙과 모래는 가라앉고 쌓이게 돼. 조석의 차, 즉

해안 지형
해식 동굴, 해안 절벽, 돌기둥은 바닷물의 침식 작용으로, 사빈(모래사장), 사주는 퇴적 작용으로 만들어진다.

밀물과 썰물의 차가 적은 지역에서는 이 흙과 모래가 쌓여서 삼각주라는 삼각형 모양의 섬을 만들기도 해. 이집트의 나일강이나 브라질의 아마존강, 우리나라의 낙동강에서 삼각주를 볼 수 있지.

물론 강물만 이런 일을 하는 것은 아니야. 지하수가 흐르면서 땅의 약한 부분을 침식해서 동굴을 만들기도 하고, 파도가 암석을 깎아 기암괴석이나 절벽, 동굴을 만들기도 해. 추운 지역에서는 빙하가 이동하면서 침식 작용을 해서 U자 모양의 골짜기를 만들기도 하지. 물론 침식만 하는 것은 아니야. 지하수 속의

사빈: 모래가 많이 퇴적한 해안 지형
사주: 섬과 육지를 잇는 모래 다리
사취: 바다 쪽으로 돌출하고, 한쪽 끝은 육지에 붙어 있는 좁은 해안 지형
육계도: 사주가 발달해 육지와 연결된 섬

암석 성분이 모이고 쌓여서 동굴의 모양을 바꾸기도 하고, 파도가 모래를 바닷가로 이동시켜 쌓으면 해수욕장의 모래사장을 만들기도 해. 섬과 육지를 잇는 모래 다리인 사주를 만들기도 해.

 풍화 작용이 아주 천천히 일어나는 것처럼 흐르는 물이 땅의 모양을 바꾸는 데도 아주 오랜 시간이 걸려. 하지만 지금 우리가 보는 다양한 지형은 이런 과정들을 거쳐서 만들어진 것들이야. 마치 우리가 지금은 눈에 보이지 않더라도 꾸준히 노력하면 원하는 것을 이룰 수 있는 것처럼 말이야.

층층이 쌓아서 만들어진 지층

 강물을 타고 바다로 흘러 들어온 모래와 흙은 어떻게 될까? 처음엔 바닷물에 떠다니기도 하지만 결국 바닥에 가라앉아. 이런 모래와 흙이 아주 긴 시간을 거쳐 계속 쌓이고 눌리면 알갱이들은 다시 하나의 암석층이 되고 이것을 지층이라고 해. 지층은 바다뿐만 아니라 호수나 강바닥 같은 곳에서도 만들어질 수 있어.

지층의 생성 과정

1. 자갈, 모래, 진흙 등이 흐르는 물에 운반되어 가라앉는다.

2. 먼저 쌓인 층 위에 계속 쌓인다.

3. 단단한 지층이 된다.

그랜드 캐니언의 지층

　물론 단순히 흙을 쌓아서 눌러 준다고 다 돌이 되는 것은 아니야. 물속에 접착제처럼 흙들이 서로 떨어지지 않게 해 주는 성분들이 있어서 입자들을 꽉꽉 잡아 줘야 하지. 그리고 위에 있는 흙과 물이 엄청난 무게로 꾹꾹 눌러 줘야 해. 그래서 지층은 보통 물속에서 만들어지는 거야.

　그런데 물속에서 만들어진 지층을 어떻게 볼 수 있는 걸까? 답은 우리가 앞에서 이야기한 내용 중에 있어. 지진과 같은 지각 변동이 일어나면서 물속에 있던 땅이 물 위로 올라오는 거야. 올라올 때부터 지층이 보일 수도 있겠지만, 보통은 오랜 시

79

역암
자갈, 모래, 흙이 섞여 있다.

암염
소금 성분이 쌓여 만들어진 퇴적암. 육면체의 소금 결정 모양이 보인다.

간에 걸쳐 침식 작용을 받아서 깎인 뒤에야 지층의 단면이 드러나게 된단다. 그럼 지층의 줄무늬를 우리 눈으로 볼 수 있게 되는 거야.

지층의 줄무늬는 층리라고 해. 층리는 어떻게 만들어진 걸까? 간단해. 우리가 샌드위치를 만들 때 속 재료에 따라 단면이 알록달록하게 나오는 것처럼 지층도 재료에 따라 색이 달라지거든. 어떤 색이나 크기의 알갱이들이 모여서 만들어지냐에 따라 각 층의 색이 달라지지. 비슷한 성분들이 쌓인 양에 따라 지층의 두께는 몇 센티미터 수준의 얇은 것부터 몇 미터씩 되는 두꺼운 것까지 다양하단다.

지층을 이루는 암석처럼 돌이나 흙이 쌓여서 만들어지는 암석을 퇴적암이라고 해. 화성암에도 종류가 여러 가지가 있는 것처럼 퇴적암도 구성하는 알갱이에 따라 여러 종류로 나눌 수 있어. 가장 간단하게는 알갱이의 크기에 따라 역암, 사암, 이암으로 나누어 볼 수 있어. 자갈과 모래, 흙이 섞여서 만들어진 것은 역암, 주로 모래로 이루어진 것은 사암이야. 이암은 모래보다 훨씬 작은 진흙으로 되어 있어.

퇴적암이 이 세 가지만 있는 것은 아니야. 바닷속 생물의 뼈, 조개껍데기 같은 탄산 칼슘으로 이루어진 것들이 쌓여서 만들어진 석회암, 화

사암
모래 알갱이로 이루어져 있다.

이암
고운 진흙으로 만들어져 입자가 보이지 않는다.

산재가 쌓여서 만들어진 응회암, 소금 성분이 굳어져 만들어진 암염도 있지. 아주 먼 옛날 살았던 식물이 땅속 깊이 묻혀 만들어진 석탄도 퇴적암의 일종이야.

하지만 같은 종류의 암석이라고 해도 모두 똑같은 것은 아니야. 만들어진 곳에 따라 포함하는 성분이 달라져서 같은 종류의 암석이라도 색이나 구성 성분의 비율이 다를 수 있지. 반대로 같은 색이나 성분의 암석으로 구성된 지층이라면 지금은 멀리 떨어져 있더라도 같은 곳에서 만들어진 경우도 있어. 서아프리카와 남아메리카 동부 해안처럼 말이야.

지층과 퇴적암은 지구의 기억의 창고라고도 할 수 있어. 특히 퇴적암 속에서만 발견되는 화석은 과학자들에겐 보물과도 같은 존재야. 화석이란 지질 시대에 살았던 생물의 유해나 활동 흔적이 퇴적물 중에 매몰된 채로 또는 지상에 그대로 보존되어 남아 있는 것을 말해. 퇴적물이 쌓일 때 생물의 유해나 흔적이 같이

석탄
석탄도 퇴적암이어서 가끔 화석이 발견된다.

석회암
바닷속 생물의 뼈, 조개껍데기 같은 탄산 칼슘 성분이 굳어 만들어졌다.

지질 시대의 구분

지질 시대란 행성인 지구가 생긴 이후 지구의 역사에 해당하는 시기를 말한다. 지질 시대는 지층 속 화석을 기초로 하여 구분하는데 화석이 거의 나오지 않는 고생대 이전은 선캄브리아대 또는 은생 누대라고 한다.

- 표준화석 – 특정 시기에 전 세계에서 번성해 화석이 나온 지층의 지질 시대를 결정하고 나이를 알려 주는 화석. 삼엽충과 방추충은 고생대, 암모나이트와 공룡, 시조새는 중생대, 화폐석과 매머드는 신생대의 표준 화석이다.

- 시상화석 – 특정한 환경 조건에서만 살며 오랜 기간에 걸쳐 살아 화석이 생성된 환경을 알려 주는 화석. 산호 화석이 나온 곳은 이곳이 따뜻하고 얕은 바다였다는 뜻이고 고사리 화석이 나온 곳은 온난 다습한 육지였다는 뜻이다.

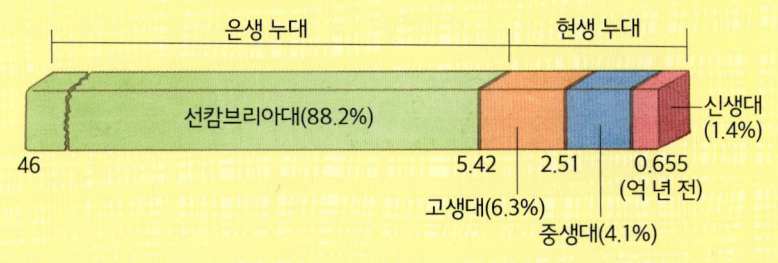

지질 시대와 화석

지질 시대	선캄브리아대		고생대						중생대			신생대	
	시생대	원생대	캄브리아기	오르도비스기	실루리아기	데본기	석탄기	페름기	트라이아스기	쥐라기	백악기	팔레오기, 네오기	제4기
출현			삼엽충	어류		양서류	파충류			포유류	조류		
번성						어류		양서류		파충류		포유류	
식물					육상 식물 출현		양치식물			겉씨식물		속씨식물	
표준 화석	콜레니아 (석회 조류)		삼엽충		필석	갑주어		푸줄리나 (방추충)		암모나이트, 공룡, 시조새		화폐석	매머드
지질 연대	5.4억 년							2.5억 년				0.65억 년	

묻힌 뒤 남으면 화석이 만들어지지. 화석 덕분에 우리는 과거에 살았던 생물들의 겉모습과 생활 습성, 진화뿐만 아니라 당시의 환경까지 알 수 있게 되었단다.

휘어지고 끊어지고 뒤집어진 땅

바로 앞에서 지층이 지구의 역사를 담고 있다고 했지? 그럼 지층의 위와 아래 중 어디가 먼저 만들어진 지층일까?

"당연히 아래층이지!"라고 대답할 수도 있지만 세상일에는 예외가 있는 법. 가끔은 위에 있는 지층이 먼저 만들어진 것일 수도 있어. 물론 만들어질 때부터 위에 있었던 것은 아니야. 나중에 뒤집어진 것뿐이지. 땅덩어리를 뒤집다니, 누군지 힘도 참 센가 봐 싶지만 이쯤이면 그게 누군지 알 것 같지? 지층을 뒤집어 버리는 것은 바로 지구 자신이야. 지진과 같은 지각 변동이 일어나다 보면 지층이 휘어지거나 끊어지는 일들도 생기는 것이지.

지층이 휘어진 것을 습곡이라고 해. 습곡은 지층이 양쪽에서 미는 힘을 받으면 만들어지는데 이런 과정을 거쳐 산맥이 생겨. 화산이 아닌 산들은 보통 이런 식으로 만들어진 것이야. 예를 들면 히말라야산맥이나, 우리나라의 태백산맥이 습곡으로 만들어진 산맥이야. 그런데 지속적으로 이런 힘을 받다 보면 지층이

습곡의 종류

습곡으로 인하여 지층의 순서가 역전되기도 한다.

많이 휘면서 쌓인 순서가 역전되기도 하거든. 그러면 지층은 아래쪽이 오래된 것이라는 상식을 깨는 일이 생기기도 한단다.

지층이 끊어져 어긋난 것은 단층이라고 해. 힘의 방향이나 세기에 따라 휘어지는 것이 아니라 지층이 끊어질 수도 있어. 지층에 가해지는 힘의 방향에 따라 단층의 모양도 달라져. 반대로 단층의 모양을 보면 지층에 가해진 힘의 방향을 알 수 있지. 단층으로 지층이 이동하면 위치가 바뀌면서 주변 지층과 만들어진 순서가 맞지 않을 수도 있어.

이런 식으로 지층의 순서와 모양이 뒤죽박죽이 되면 과학자

부정합(퇴적의 시간적인 공백이 있는 지층)과 단층

다양한 지각 활동으로 인하여 지층의 모양과 순서가 바뀌어 있지만 자세히 살펴보면 지층의 생성 순서와 지각 활동의 역사를 알 수 있다.

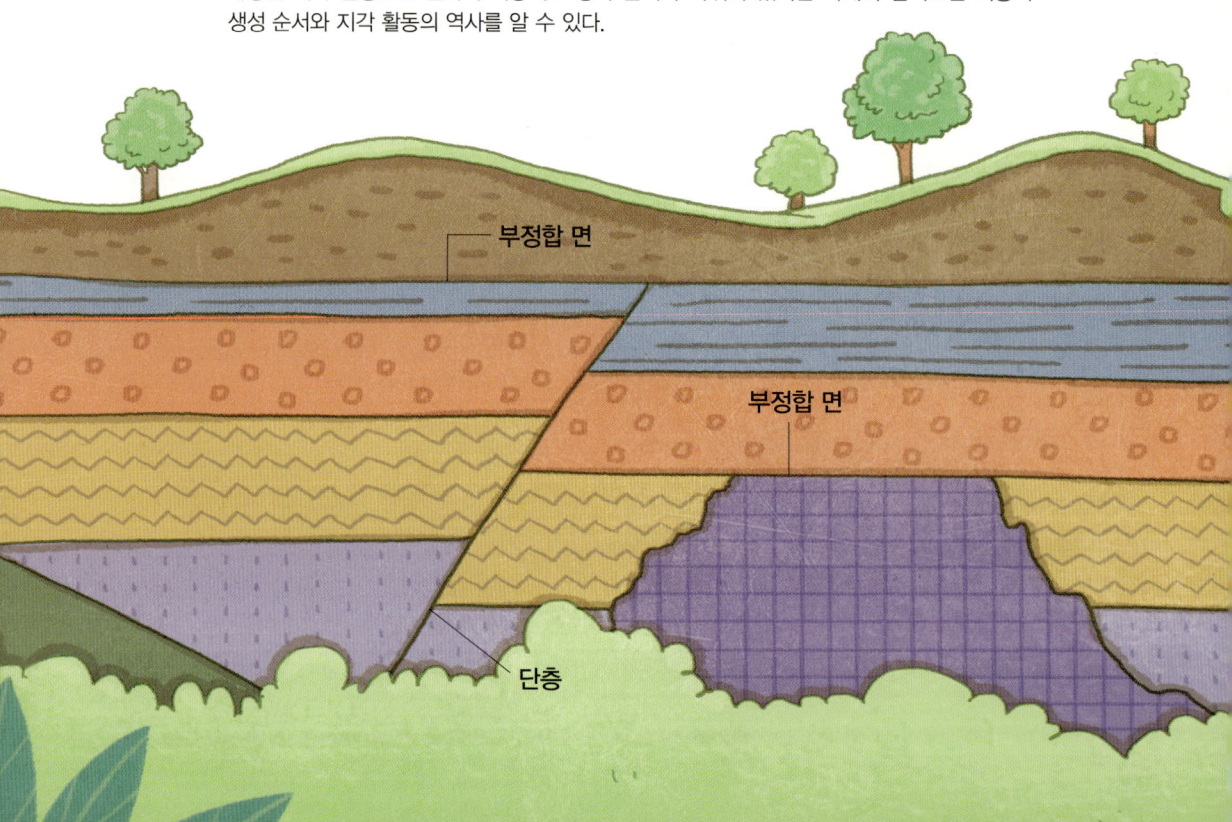

1. 바다나 호수 밑바닥에 퇴적물이 쌓여 지층을 형성한다.
2. 지층이 지각 변동으로 융기한 후 풍화 작용과 침식 작용을 받아 표면이 깎인다.
3. 지층이 침강한 후 물밑에 잠긴 지층 위에 새로운 지층이 퇴적된다.

부정합의 형성 과정

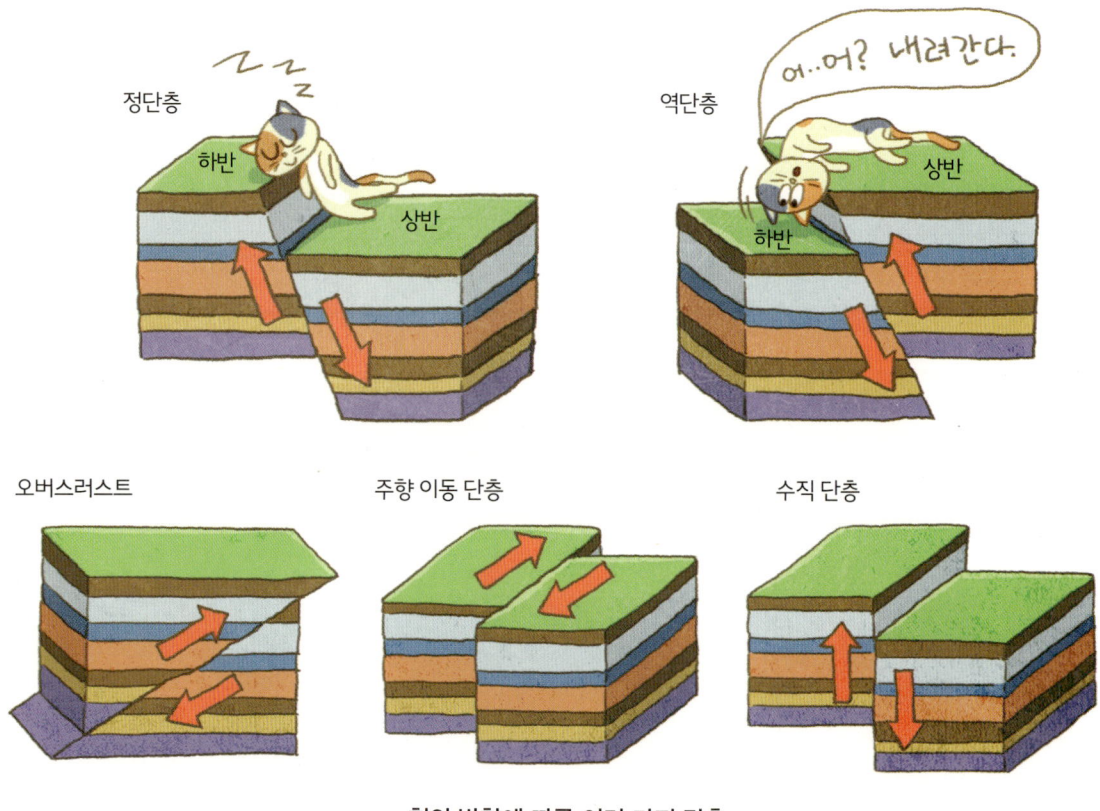

힘의 방향에 따른 여러 가지 단층

들이 헷갈리지 않을까? 걱정 마. 요즘은 암석의 나이를 조사하는 방법도 있고, 원래 습곡과 단층을 알아보는 것은 어렵지 않거든. 습곡이 일어난 지층은 휘어져 있고 단층이 있는 곳은 지층이 끊어져 있으니까 지층의 모양을 보면 쉽게 알 수 있어. 또 남아 있는 지층의 모양으로 원래의 지층 모양을 추측할 수 있지. 오히려 습곡과 단층은 예전에 이곳에서 어떤 일이 있었는지 알려 주는 역할을 하기 때문에 과학자들에게는 고마운 존재인

걸. 앞으로의 일도 예상할 수 있게 해 주는 길잡이가 될 수도 있어. 예를 들어 단층이 있는 곳은 앞으로도 지진이 계속되겠구나 하는 식으로 말이야.

돌고 돌며 변하는 돌

혹시 빵을 만들어 본 적 있니? 밀가루에 여러 가지 재료를 넣고 반죽해서 뜨거운 불에 구우면 처음과는 다른 빵이 되지. 도자기를 만들어 본 친구도 있을 거야. 밀가루 대신 흙을 쓰는 것은 달라도 뜨거운 불에서 구워 내면 처음과 다른 것이 된다는 공통점이 있지. 빵이나 도자기 말고도 뜨거운 것을 만나면 성질이 바뀌는 것은 많이 있어. 암석도 예외는 아니란다.

암석이 땅속 깊은 곳에서 높은 열과 압력을 받으면 처음과는 다른 암석으로 바뀌게 돼. 이런 과정을 변성 작용이라고 하고 변성 작용을 통해 성질이 바뀐 암석은 변성암이라고 불러. 모든 암석이 변성암이 될 가능성이 있어. 화성암, 퇴적암뿐만 아니라 변성암도 또다시 변성 작용을 받아 다른 변성암이 되기도 해.

변성 작용을 거치면 보통 원래의 암석보다 암석을 이루는 결정은 커지고, 조직은 치밀하고 단단해져. 예를 들어 시멘트의 원료로 쓰는 석회암이 변성되면 우리가 흔히 대리석이라고 부르는 대리암이 돼. 대리암은 아름다운 색이나 무늬를 가지고 있

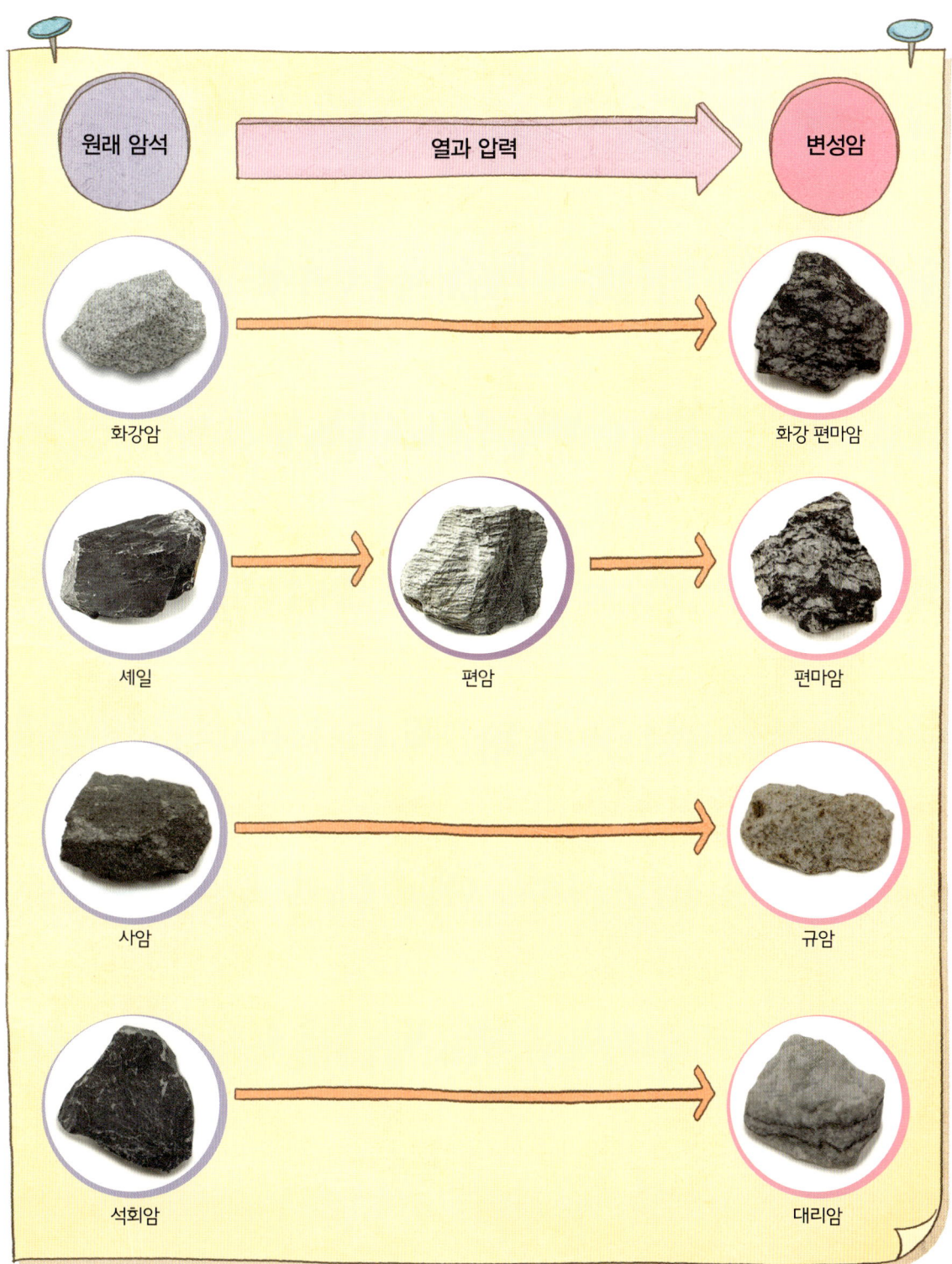

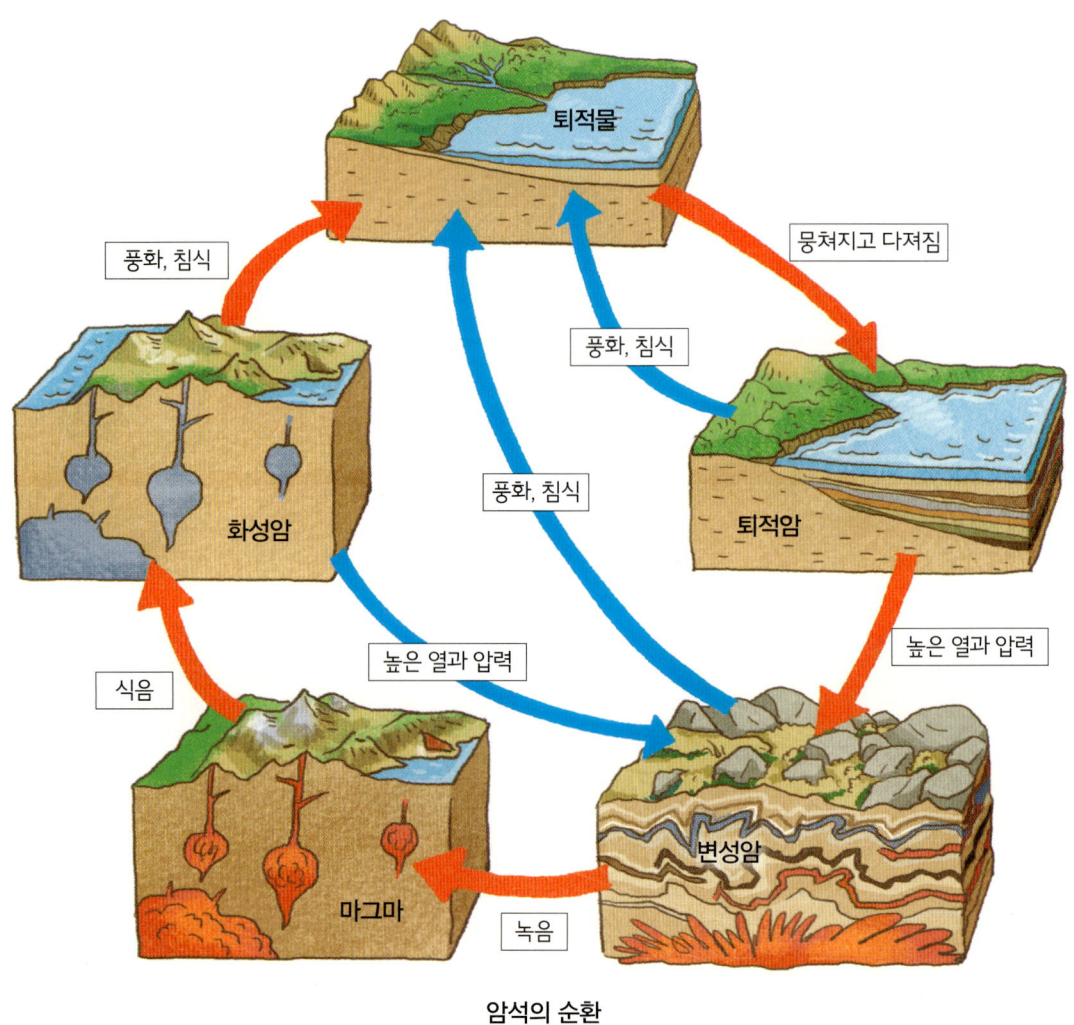

암석의 순환

는 경우가 많고 매끄럽게 만들 수 있기 때문에 장식이나 예술품의 재료가 되지.

다양한 색의 결정을 가진 암석은 눌리면서 엽리라는 줄무늬가 생길 수 있어. 화강암이 변성된 화강 편마암이 대표적인 예야. 화강암의 검은색 알갱이들이 납작하게 눌려서 마치 줄무늬처럼 보이거든. 줄무늬라고 해도 퇴적암의 층리와 다르게 엽리는 끊어져 있어서 둘을 구분하는 것이 어렵진 않아.

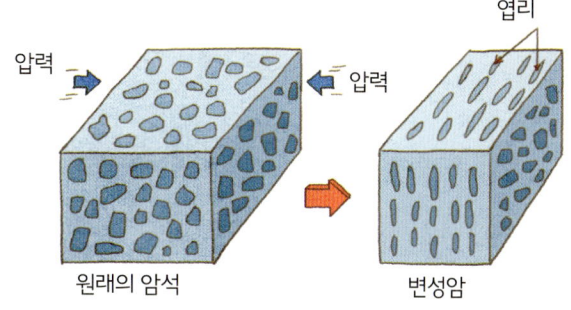

변성암 엽리의 생성 과정

원래 변성암은 땅속 깊은 곳에서 만들어지지만 다른 암석들처럼 지각 변동에 의해서 땅 위로 모습을 드러낼 수 있어. 땅 위로 올라온 암석은 다시 풍화, 침식 과정을 거쳐 작은 알갱이로 쪼개져. 이런 알갱이들이 다시 운반되고 쌓인 후 굳으면 퇴적암이 되는 거야. 어떤 때는 땅속으로 들어가서 다시 높은 열과 압력을 받기도 해. 그럼 암석은 다시 마그마가 되고, 그것이 굳으면 화성암이 되지. 이건 변성암만 거치는 과정은 아니야. 화성암, 퇴적암도 비슷한 과정을 거치면서 모습을 바꾸고 다른 암석이 될 수 있어. 이렇게 암석이 끊임없이 모습을 바꾸며 다른 암석으로 변하는 과정을 암석의 순환이라고 해.

암석의 순환 속에는 용암이 돌이 되는 것 같은 짧은 순간의 변화도 있지만, 지층이 쌓여 퇴적암이 되는 것처럼 수십만 년이 걸리는 과정도 있어. 지구는 이런 과정 속에서 끊임없이 지표의 모양을 바꾸고 물질들을 순환하며 재사용하게 한단다. 언젠가는 우리를 이루는 물질들도 지구의 한 부분이 되는 것처럼 말이지.

화석의 나이를 어떻게 알 수 있을까?

지구의 나이는 약 46억 년이고, 최초의 생물이 나타난 것은 약 38억 년 전, 공룡이 지구에 나타난 것은 약 2억 3천만 년 전이라고 해. 그런데 누가 그걸 본 것도 아니고 공룡한테 물어본 것도 아닌데 어떻게 알았을까? 화석이나 지층의 나이를 조사하면 되나? 그럼 화석이나 지층의 나이는 어떻게 알아내지?

결론부터 이야기하면 화석이나 지층의 나이를 직접적으로 알 수는 없어. 대신 지층의 위아래에 있거나 포함된 화성암의 나이를 측정할 수 있거든. 그럼 그것과 지층이 쌓인 시기를 비교해서 계산하는 것이지.

그럼 화성암의 나이는 어떻게 알 수 있는 걸까? 그리고 왜 지층의 나이는 알 수 없는 걸까? 화성암의 나이를 알기 위해서 지금부터 조금 길고 복잡한 이야기를 할 거야. 잘 들어 봐.

오래된 것들의 나이를 알기 위해 과학자들은 방사성 동위원소란 것을 사용해. 방사성이란 말에서 방사능을 떠올리는 친구들이 있을 텐데, 맞아. 방사능이란 방사선이라고 하는 에너지파를 내놓는 성질을 말하고, 방사능을 가지고 있는 물질을 방사성 물질이라고 하거든. 동위원소란 같은 물질인데 원자핵 속의 중성자의 수가 다른 것을 말해. 그런데 이 중에 방사성 물질인 원소가 있고 그걸 방사성 동위원소라고 하지. 예를 들어, 흔한 탄소는 중성자 6개를 포함하는데 어떤 것은 8개거든. 중성자가 8개인 탄소가 방사성 동위원소야.

    그런데 방사성 동위원소에는 반감기란 것이 있어. 반감기란 방사성 원소가 원래의 양의 절반이 되는 데 걸리는 시간인데 이건 원소마다 달라. 반감기를 이용해서 돌의 나이를 계산할 수 있는 거야. 어떤 돌의 나이를 계산할 때 남아 있는 방사성 원소와 방사성 원소가 쪼개져서 되는 물질의 비율을 계산해 보면 그 돌의 나이를 계산할 수 있거든. 아까 말한 중성자 8개짜리 방사성 탄소는 질소로 바뀌는데, 반감기는 5730년 정도야. 만약 어떤 물건에서 방사성 탄소와, 그것이 바뀌어 만들어진 질소의 양이 같으면 딱 절반이 바뀐 셈이야. 그럼 그 물건은 5730년 된 것이라고 생각하면 되는 거야. 탄소를 이용하면 약 500년부터 5만 년까지의 사이에 있는 나이를 알아낼 수 있다고 해. 주로 고대 유물이나 유적, 최근의 지질 시대의 연대를 조사하는 데 주로 사용하지. 이런 방법을 방사성 탄소 연대 측정법이라 해.

하지만 탄소의 반감기는 아주 오래된 암석의 나이를 측정하는 데는 너무 짧아. 이럴 땐 루비듐이나 우라늄, 칼륨을 사용해. 이 물

반감기 계산의 예

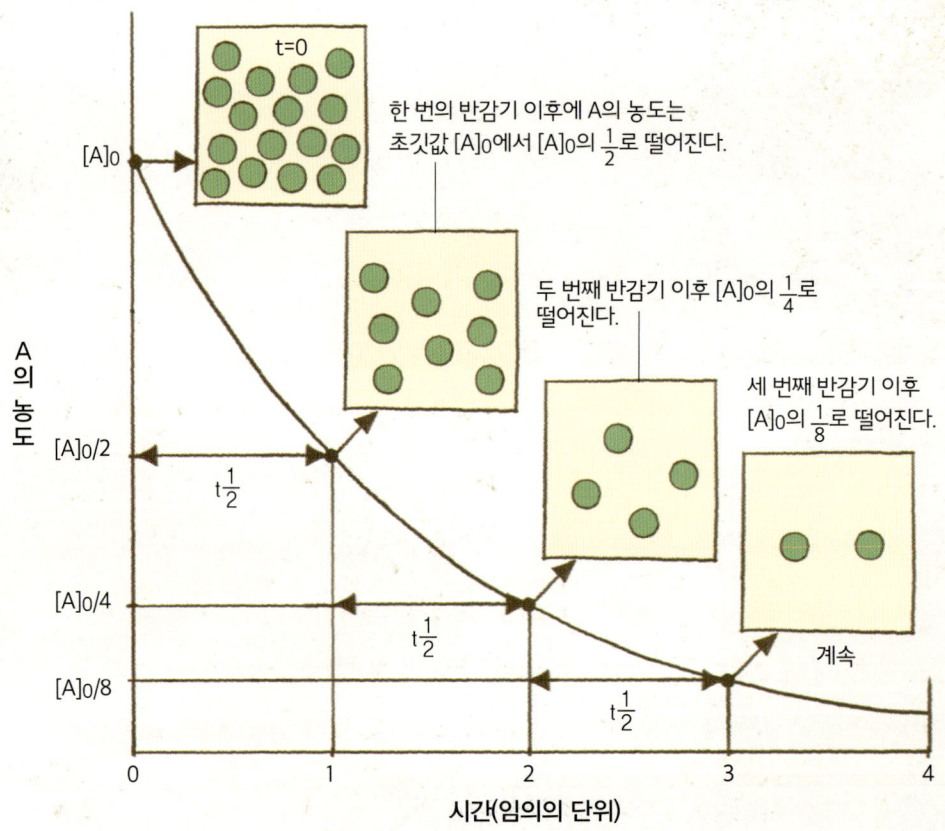

질들의 반감기는 각각 488억 년, 45억 년, 13억 년이라 훨씬 긴 시간을 측정할 수 있거든. 이런 식으로 지구의 나이는 46억 년이라든가, 공룡의 멸망을 불러온 운석 충돌은 6500만 년 전이라는 것을 알게 된 것이지.

그럼 화성암의 나이는 알 수 있지만 퇴적암의 나이는 알 수 없는 이유도 알아봐야 하겠지? 화성암은 암석의 재료가 모두 녹아서 고루 섞인 뒤 굳어 만들어지기 때문에 하나의 암석 속 알갱이들은 모두 같은 나이를 가지게 되거든. 그에 비해 퇴적암은 하나의 지층이라도 구성하는 알갱이들 각각의 나이는 다를 수 있어서 정확한 나이를 측정할 수 없어.

화석은 지층과는 조금 달라. 살아 있을 때 끝없이 탄소를 교환하는 생물의 특성을 이용하면 방사성 탄소 연대 측정법을 사용할 수 있는 시대의 화석은 직접 나이를 측정할 수 있어. 하지만 그보다 오래된 것들은 지층과 마찬가지로 직접 측정하는 것이 불가능해서 주변의 화성암을 이용해 화석이 속한 지층의 나이를 측정해 결정하게 된단다.

3장
대기와 물로 둘러싸인 지구

보이지 않는 외투

　지구의 진짜 가장자리는 어디일까? 지각을 떠올릴 수 있지만 그게 전부는 아니야. 눈에 보이진 않지만 우리가 숨 쉴 수 있게 해 주고, 따뜻하게 감싸 주고, 때로는 우주의 공격으로부터 지켜 주는 대기도 있거든.

　대기는 천체를 둘러싸고 있는 기체층을 말해. 지구의 대기는 지구 중력에 의해서 지구를 둘러싸고 있지. 지금 지구의 대기는 질소가 78퍼센트, 산소가 21퍼센트 정도 되고 나머지 1퍼센트가 수증기나 이산화 탄소, 아르곤, 그 외의 기체들로 되어 있어.

　지금이란 것은 옛날엔 대기의 성분이 달랐다는 것이겠지? 지구 최초의 대기는 별처럼 수소와 헬륨이 많았을 거야. 하지만 지구의 중력은 가벼운 수소와 헬륨 기체를 대기 중에 계속 잡아 두기엔 너무 약하니 거의 다 날아갔지. 그다음엔 수증기와 이산화 탄소 외에도 질소, 이산화 황 등으로 된 대기가 존재했어. 이 중에서 수증기는 지구가 식으면서 비가 되어 내리고 바다를 만들었어. 이산화 탄소는 바닷물에 많이 녹았지만 아직도 대기 속에 많이 남아 있었어.

그러던 어느 날 바닷속에 남세균이라는 세균이 나타났어. 바닷속에는 남세균 말고도 다른 생물이 살고 있었지만 남세균은 아주 특별해. 왜냐고? 남세균은 광합성을 해서 산소를 만들 수 있었거든. 남세균이 만든 산소는 물 밖의 대기 중으로도 퍼져 나갔어. 처음의 대기에는 산소가 거의 없었지만 시간이 흐르면서 대기 중에는 산소가 계속 늘어났지. 질소는 어디서 왔냐고? 질소는 처음부터 지금까지 계속 비슷한 양이 있었어. 다만 다른 기체들이 너무 많이 줄어들면서 가장 많아진 것뿐이지.

오존(O_3)이란?

우리가 숨 쉴 때 사용하는 산소는 산소 원자 두 개가 결합한 O_2의 형태이다. O_2가 중간권이나 열권에서 자외선에 의해 두 개의 산소 원자로 나뉜 뒤 다시 아래로 내려와 O_2와 결합하면 오존(O_3)이 되는 것이다. 이 현상은 주로 높이 20~30킬로미터의 성층권에서 일어나서 이곳에 오존층이 형성된다.
오존은 산소와 달리 특유의 냄새가 있으며 독성이 있다. 따라서 지표 근처에 오존 농도가 높아지면 오존 주의보를 발령한다.

지구의 내부 구조가 나뉘는 것처럼 대기도 기온 변화에 따라 4개의 층으로 나눌 수 있어. 지표에 가까운 곳부터 대류권, 성층권, 중간권, 열권이라고 하지. 이걸 모두 합쳐서 기권이라고 해. 공기의 대부분은 중력 때문에 아래쪽에 몰려 있고 위로 갈수록 공기가 희박해져.

그중에 우리가 사는 곳은 대류권이야. 다른 층과 다르게 대류권은 지표의 열에 의해서 온도가 결정되는 곳이지. 그래서 높은 곳으로 올라갈수록 기온이 낮아져. 우리가 날씨라고 부르는 기상 현상은 대부분 여기서 일어나.

성층권은 대류권 바로 위에 있어. 성층권에는 오존층이 있어. 남세균이 만든 산소가 대기 상층으로 올라가서 오존이 되면서 오존층을 만들었지. 오존층은 태양의 자외선으로부터 지구의 생명을 보호하는 역할을 해. 오존층이 없었다면 생물은 바다 밖으로 나오기 힘들었을 거야. 또 장거리 비행을 하는 비행기는 오존층 아래의 성층권을 지나다니기도 해. 성층권은 기상 현상이 거의 없고, 대류 현상이 일어나지 않기 때문에 비행기의 시야가 좋고 흔들리지 않아서 좋거든.

중간권과 열권은 공기가 아주 희박해. 그중 성층권 위에 있는 중간권은 기권에서 가장 추운 곳이야. 가끔씩 밤하늘을 가로지르는 유성은 우주의 입자가 중간

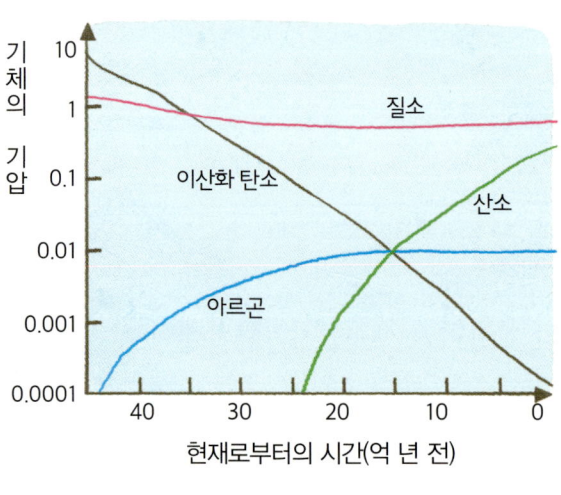

지구 대기의 변화

남세균 화석 **스트로마톨라이트**

권을 지날 때 타면서 생기는 현상이지. 반대로 열권은 태양의 영향으로 온도가 아주 높은 곳인데 오로라가 생기는 곳이 이곳이란다.

대기는 생물이 살아가는 데 필요한 산소를 공급하는 것뿐만 아니라 외부의 충격으로부터 지구를 보호하는 역할도 해. 대기가 없었으면 지구도 달처럼 운석 구성이로 뒤덮였을 거야. 하지만 대부분의 운석들이 지구 대기를 통과하면서 대기 입자로 인한 마찰열로 타 버려서 땅까지 도착하지 못해. 대기는 눈에 보이지 않는 적도 막아 줘. 자외선이나 우주선 같은 생물에게 위험할 수 있는 에너지를 막아 주거든.

지구의 온도가 지금처럼 생물이 살기에 적당한 것도 대기가 있기 때문이야. 대기가 없다면 지구도 달처럼 낮과 밤이 온도 차이가 아주 컸을 거야. 대

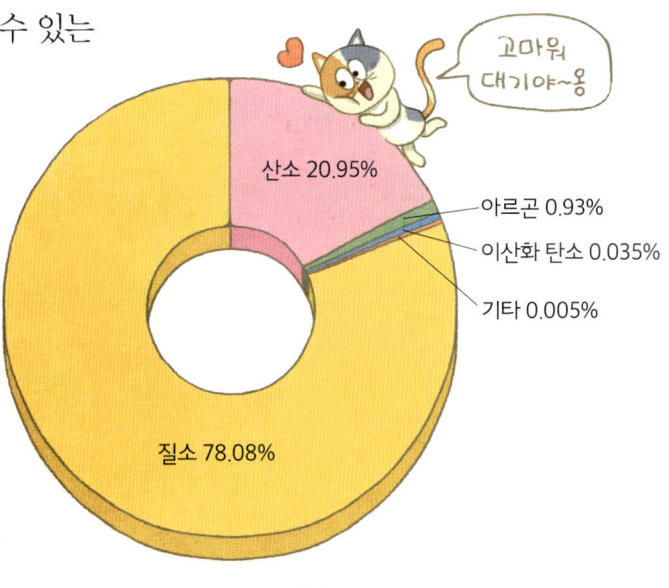

대기의 구성 성분

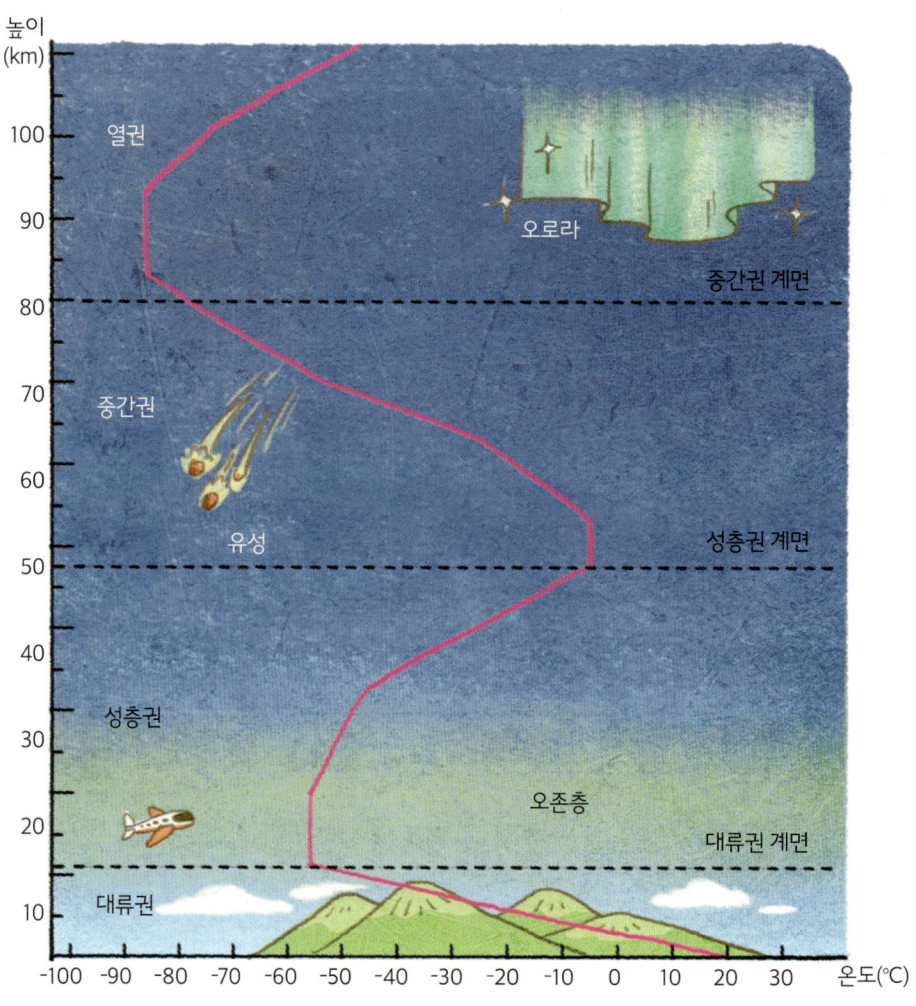

온도 변화에 따른 대기권의 구분

기가 태양열을 흡수, 산란, 반사해서 낮에는 너무 뜨거워지지 않고, 밤에는 너무 차가워지지 않게 해 주지. 파란 하늘도 대기 덕분이고 말이야. 지구는 태양과의 거리에 비해서 따뜻한 행성이라는데 이것도 대기의 온실 효과 덕분이야.

바다는 어떻게 만들어졌을까?

우리가 사는 이 행성을 지구라고 부르긴 하지만 사실 지구 표면의 3분의 2는 바다로 되어 있어. 보이는 부분만 보면 지구가 아니라 수구라고 불러도 될 거야. 인간은 물속에서 숨을 쉴 수 없으니 땅이 부족한 것이 아쉬울지도 모르겠지만 바다가 있어서 지구가 지금과 같은 생명이 살 수 있는 행성이 되었어.

하지만 이런 바다가 처음부터 있었던 것은 아니야. 지구가 처음 만들어졌을 때는 엄청 뜨거워서 액체 상태인 물은 존재할 수 없었거든. 대신 수증기가 되어 대기 중에 존재했단다. 수증기는 두꺼운 구름을 만들고 비가 되어 내렸지. 하지만 처음엔 지표가 너무 뜨거운 나머지 빗방울이 땅에 도착하기도 전에 다시 수증기가 되었어. 한참이 지나 지표가 충분히 식은 다음에 드디어 빗방울이 땅에 도착했고 낮은 곳부터 물이 채워졌어. 그리고 물은 증발해서 다시 구름이 되어 비가 되었지. 이런 비가 아주아주 오랫동안 내려서 바다가 된 거야.

하지만 이 바다는 지금과는 성분이 달랐다고 해. 공기 중의

지구를 구성하는 성분

우주를 구성하는 물질의 75퍼센트는 수소이며 나머지는 헬륨이다. 나머지 물질을 모두 합쳐도 전체의 1퍼센트도 되지 못한다. 태양과 같이 빛나는 별의 대부분은 수소와 헬륨으로 구성되어 있다. 그렇다면 지구도 수소와 헬륨으로 이루어졌을까?

수소와 헬륨은 가장 가벼운 물질이다. 이들은 지구가 생성되는 초기에 대부분 지구를 빠져나갔고 아주 소량만 지구에 남아 있다. 현재 지구의 구성 성분은 내핵과 외핵, 맨틀과 지각으로 나누어 생각할 수 있다. 우선 내핵과 외핵은 대부분 철과 니켈로 구성되었다. 외핵 바깥쪽의 맨틀과 지각을 구성하는 물질 중 가장 많은 것은 산소이며 다음은 규소이다. 넓은 바다를 채우는 물이 수소를 포함하지만 바다와 대기의 물질은 지구 전체를 놓고 볼 때 아주 적은 양이라 지구를 구성하는 물질 비율에 거의 영향을 주지 못한다.

지구 전체 질량의 30퍼센트는 핵, 70퍼센트 정도를 맨틀과 지각이 차지하고 있기 때문에 지구를 이루는 물질 중 가장 많은 것은 산소이다. 하지만 이 산소는 대부분 다른 물질과 결합하여 고체 화합물로 존재하고 있다. 예를 들어 지각과 맨틀의 90퍼센트 이상을 구성하는 암석은 산소와 규소를 포함하는 규산염 광물이다.

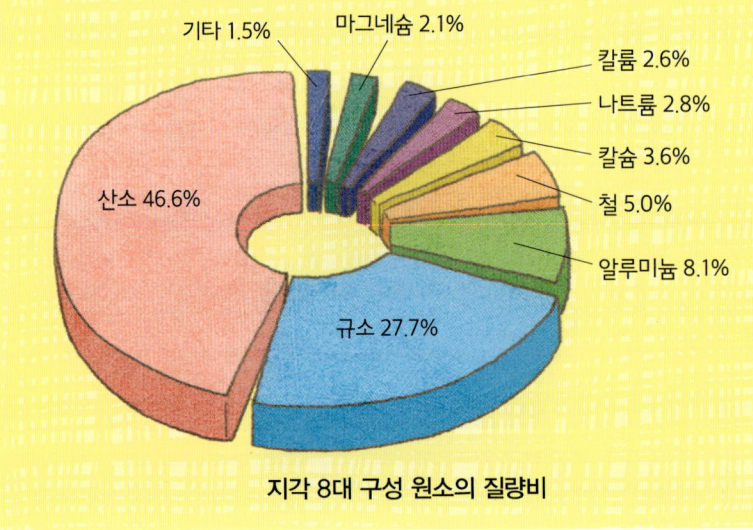

지각 8대 구성 원소의 질량비

여러 가지 기체가 녹아서 산성인 데다 짜지도 않았거든. 산성인 바닷물은 암석 속 여러 가지 물질을 녹였어. 수십억 년 동안 이런 과정을 거쳐 바닷물은 점점 중성이 되었는데 여기에는 원시 대기 속의 이산화 탄소가 녹아서 탄산 칼슘 같은 고체 화합물을 만들었어. 오랜 시간이 지나면서 바닷물은 지금과 같은 짠물이 되었는데 이 짠맛을 내는 성분을 염류라고 해. 지금도 땅을 흐르는 물들이 암석의 염류를 녹여 바다로 보내고 있어.

그런데 짠맛이라고 하면 뭐가 떠오르니? 소금, 즉 염화 나트륨이지. 하지만 염류는 그 외에도 마그네슘, 칼륨, 칼슘 등 여러 가지 성분이 있어. 바닷물은 강물이 들어오는 곳이거나, 비가 아주 많이 오면 민물이 많이 섞이기 때문에 덜 짜고, 반대로 강과 먼 큰 바다의 가운데는 더 짜. 신기한 것은 바다마다 짠맛의 정도는 달라도 이런 염류들의 비율은 언제나 일정하다는 거야. 바닷물이 순환을 하면서 결국 전체가 섞이거든.

기온에 따라 여러 층으로 나뉜 대기처럼 바다도 수온의 변화에 따라 세 개의 층으로 나눌 수 있어. 하지만 대기와 달리 모든 곳에서 세 개로 나뉘는 것은 아니야. 보통 바닷물의 온도는 태양열을 받는 해수면에 가까울수록 따뜻하고, 태양 빛이 들지 못하는 심해의 온도는 낮아.

지구의 자전이나 바람, 중력과 같은 다양한 이유로 바닷물은 언제나 움직이고 있어. 이 중에서 일정하게 흐르는 바닷물의 흐

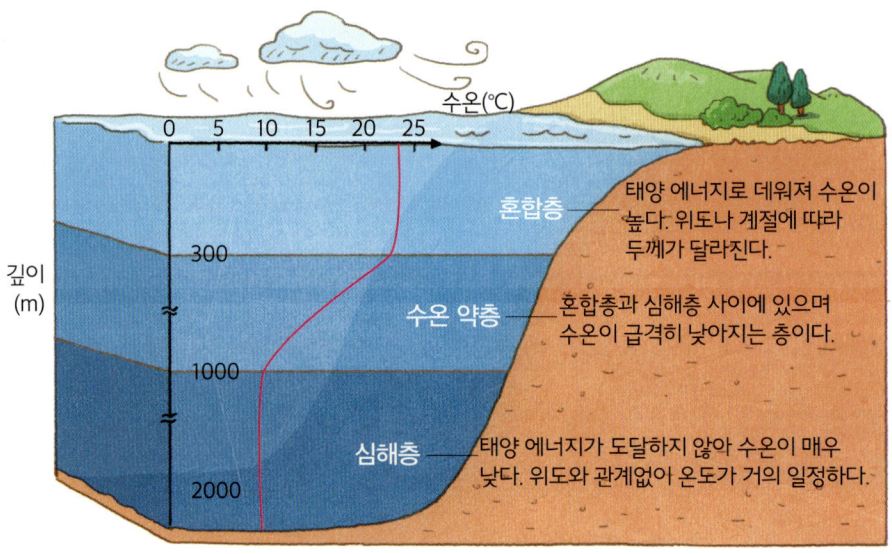

깊이에 따른 해수의 수온 분포
해수면의 온도는 기온과 비슷하여 적도 지방은 높고 극지방으로 갈수록 낮다.

름을 해류라고 하지. 해류는 바닷물을 뒤섞어서 염류의 비율을 일정하게 만들 뿐만 아니라 지구의 열에너지를 이동시키는 역할도 해. 또 해류에 따라 움직이는 바다 생물도 있기 때문에 해양 생태계에도 많은 영향을 주고 어업에서도 중요한 역할을 한단다.

 수증기의 다양한 변신

우리는 날마다 일기 예보를 확인해. 비슷비슷한 날들이 계속되는 경우도 있지만 기본적으로 날씨는 매일 변해. 계절은 지구의 공전으로 인해서 바뀐다지만 같은 계절에도 어떤 날은 맑고, 어떤 날은 비가 오고, 또 어떤 날은 흐리지. 그럼 날씨는 무엇 때문에 바뀌는 것일까? 요인이야 여러 가지가 있지만 그중 가장 큰 역할을 하는 건 수증기야. 수증기는 오늘날 지구 대기에서 단 1퍼센트도 채 되지 않지만 변신을 거듭하면서 날씨를 쥐락펴락하는 존재지.

우박의 단면
우박은 상승 기류에 의해 구름 속 얼음 입자가 오르내리기를 반복하여 만들어지기 때문에 안쪽에 나무의 나이테 같은 층이 나타난다.

공기 중에 있는 수증기는 기온이 낮아지거나 차가운 것에 닿으면 물방울로 바뀔 수 있어. 안개나 이슬처럼 말이야. 안개는 수증기가 차가운 물체의 표면에 닿아 물방울이 된 거야. 날이 너무 추워서 물방울 대신 얼음이 생기면 서리라고 해. 안개는 이슬과 비슷하지만 훨씬 작은 물방울로 되어서 지표

가까이에 떠 있는 현상이야. 주전자에 물을 끓일 때 올라오는 김이랑 비슷하지. 이슬과 안개는 태양이 떠올라서 기온이 높아지면 증발해서 다시 수증기로 바뀌어 사라지지.

하늘 높은 곳의 구름은 위치는 다르지만 안개와 비슷한 상태야. 공기 덩어리가 높은 곳으로 올라가면서 차가워져서 그 속의 수증기가 물방울로 바뀐 것들이 모여서 만들어진 것이거든. 위로 올라가는 상승 기류 덕분에 물방울들은 땅으로 떨어지지 않

구름은 왜 흰색일까?

물은 원래 투명하지만 구름 속 작은 물방울들에 빛이 난반사되면서 구름은 흰색으로 보이게 된다. 먹구름은 너무 두꺼워 햇빛이 통과하지 못해 회색이나 검은색으로 보이는 것이다. 먹구름을 구름 위에서 보면 다른 구름처럼 흰색으로 보인다.

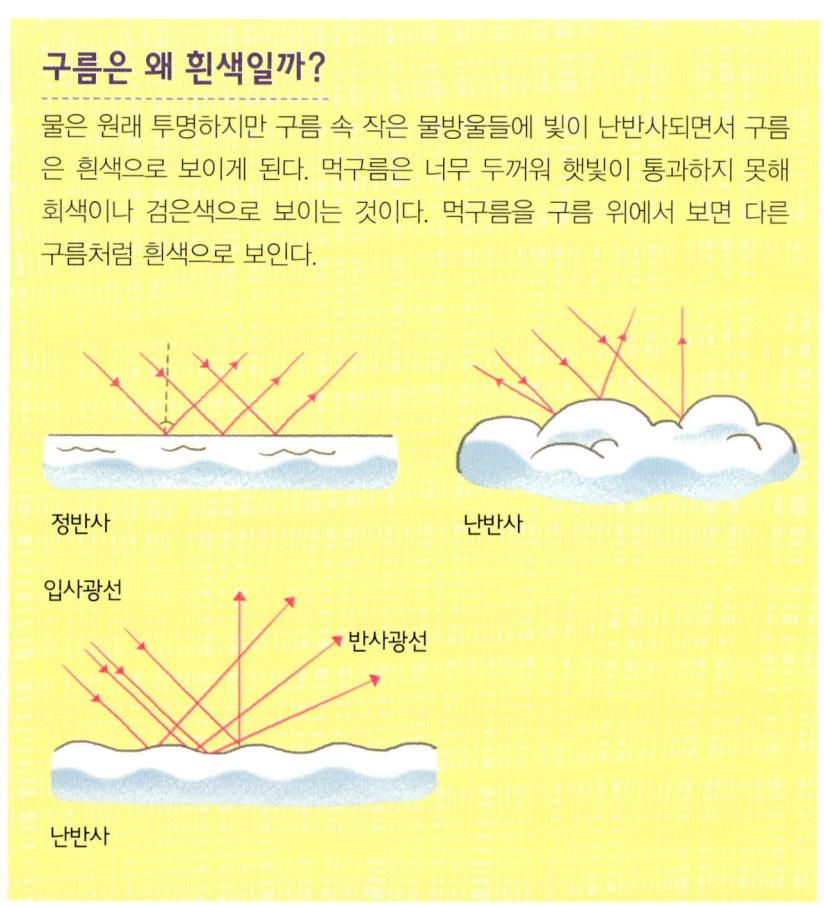

구름의 분류

구름은 모양과 높이에 따라 10가지로 구분한다. 구름의 모양은 만들어질 때 공기의 흐름과 공기 덩어리 속 수증기의 양에 따라 결정된다.

고 하늘 높은 곳에 떠 있을 수 있는 거야. 구름 속 물방울들이 서로 합쳐져서 커지면 비나 눈이 되어 땅으로 떨어져. 사실 물방울들은 처음엔 작은 얼음 상태로 떨어지는데 날이 추우면 고체인 눈이고, 따뜻하면 녹아서 비가 되지. 종종 눈보다 큰 얼음 덩어리인 우박이 되기도 하는데 큰 것은 지름 20센티미터나 되는 것도 있어.

안개나 구름은 사실 물방울일 뿐이니까 몸에 해롭거나 하는 것은 없어. 하지만 요즘은 대기 오염이 심해지면서 위험한 것이 되기도 하지. 오염 물질과 안개가 엉겨서 스모그가 되거나 오염된 대기를 통과한 빗물이 산성비가 되는 것이 그 예야. 호흡기나 피부에 질병을 일으키고 스모그 때문에 수많은 사람이 죽기도 했어. 산성비는 문화재나 시설을 녹이고 망가뜨리기도 하지. 사람들은 이런 일들의 재발을 막기 위해 공기를 깨끗하게 하기 위한 여러 가지 정책들을 펼치고 있어. 하지만 피해는 여전히 세계 곳곳에서 반복되고 있어. 우리나라도 예외는 아니니 적극적인 해결 방법을 찾아야 할 거야.

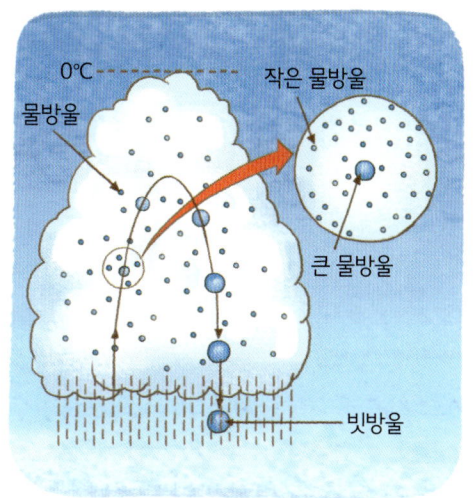

비가 만들어지는 과정 1
구름 속 작은 물방울이 위아래로 오르내리며 합쳐지다 무거워지면 비가 되어 땅으로 떨어진다.

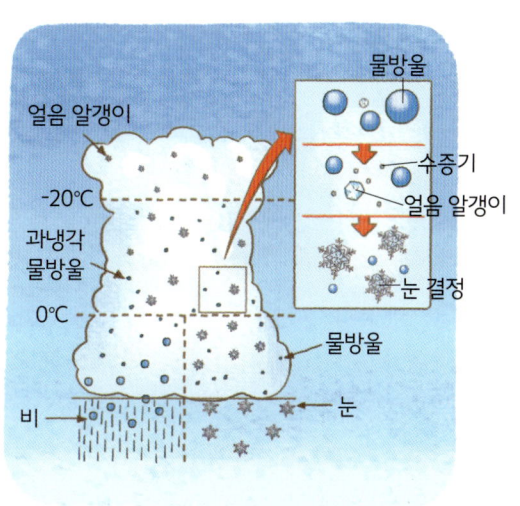

비가 만들어지는 과정 2
구름 속 작은 얼음 알갱이 표면에 수증기가 얼음으로 바뀌어 달라붙어 얼음 알갱이가 점점 커지다 무거워지면 땅으로 떨어진다. 이때 기온이 낮으면 눈으로, 기온이 높으면 녹아서 비가 된다.

모습을 바꾸며 순환하는 물

우리가 만약 지구의 물을 모두 모아서 공 모양으로 만들면 크기가 얼마나 될까? 지구 표면의 3분의 2를 바다가 차지하고, 바다는 꽤 깊으니까 꽤 커다란 공이 만들어지려나? 그런데 진실을 알면 꽤 충격적일 거야.

지구 전체의 물을 합쳐서 공을 만들면 지름 1340킬로미터 정

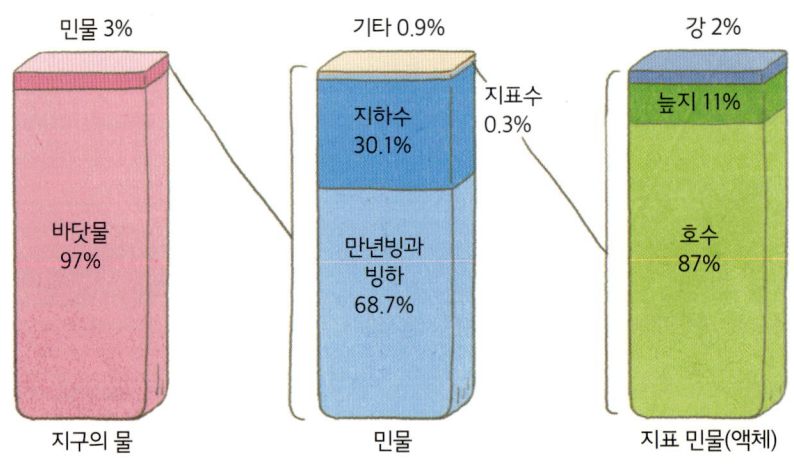

지구상의 물의 분포

도의 공이 만들어져. 지구 지름과 비교하면 10분의 1 수준이야. 부피로는 1000분의 1이지. 저렇게 작은 것이 어떻게 지구 표면을 3분의 2나 덮을 수 있을까? 그건 앞에서도 한 번 이야기한 것처럼 지구 전체 크기에서 지각이 차지하는 비율이 아주 적기 때문이지. 지구는 물로 덮여 있다기보단 물로 코팅되어 있다고 말하는 것이 좋을 정도로 말이야.

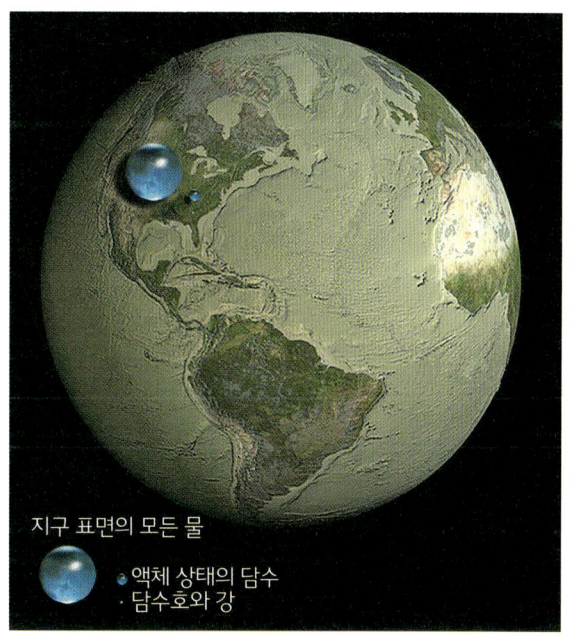

지구의 물

적다면 적고 많다면 많은 지구 표면의 물은 그 자리에 가만히 있는 것은 아니야. 끊임없이 모습을 바꾸면서 순환하고 있지. 바닷물을 비롯한 지구 표면에서 증발하여 수증기로 대기 중에 섞여. 수증기는 구름이 되어 비나 눈이 되기도 하고, 이슬이나 안개로 모습을 바꾸기도 하지. 수증기가 다시 물로 바뀌어 땅에 떨어지면 강물이나 지하수가 되고 어떤 것은 바로 생물의 몸을 구성하는 데 쓰이기도 해. 우리가 마신 물이나 농사지을 때 쓰는 물처럼 말이야. 사람들은 또 물을 이용해 전기도 만들고 공장도 돌리고, 씻기도 하는 등 여러 가지로 이용하지. 생물의 몸

물의 순환

이 된 물은 다시 호흡이나 배설 활동 등을 통해 자연으로 돌아가고, 사람들이 사용한 물도 결국 다시 자연으로 돌아가서 바다로 흘러가. 그럼 추운 지방으로 간 물은 얼음이 되어 다시 돌아오지 못하게 되는 걸까? 아니, 여기서도 물의 상태는 바뀔 수 있어. 날씨가 풀리면 녹고, 얼음 표면에서 바로 수증기로 승화하기도 하거든. 이렇게 물이 모습을 바꾸어 가며 지구 전체를 도는 것을 물의 순환이라고 해.

　물은 끊임없이 순환하지만 그중에 우리가 사용할 수 있는 형태로 존재하는 물은 한정적이야. 넉넉히 잡아서 2퍼센트 정도거든. 과학 기술이 발달해서 물 정도야 마음대로 할 수 있지 않을까 생각할 수도 있지만 그렇지 않아. 전 지구적으로 일어나는 물의 순환은 인간의 힘으로 조절하기도 어려울 뿐 아니라, 조절했다고 생각한 것은 결국 다른 데서 빌려서 쓴 셈이거든. 해수를 민물로 바꾸는 기술도 존재하긴 하지만 그 역시 극히 일부의 물의 모습을 바꾸는 데 그칠 뿐이야. 게다가 비용도 들고 그 과정에서 다른 에너지를 소비해야 하니까 절대 공짜가 아니지. 이런 자연의 순환을 보면 인간이 자연 앞에서 얼마나 작은 존재인지 새삼 느끼게 되곤 해.

 ## 생각보다 무겁고 힘센 대기

으쌰으쌰, 근육을 키우려면 무거운 것을 들면서 운동을 하라고 해. 그런데 1킬로그램짜리 덤벨도 한두 번 들 때는 괜찮은데 계속 반복하면 너무 힘들어. 내가 힘이 너무 약한 걸까? 그런데 여기에 반전이 있어. 사람은 가만히 서 있기만 해도 머리 위에 최소 1000킬로그램의 무게를 버티고 있는 중이야. 뭐가 그렇게 무거운 것일까? 바로 공기야.

공기가 그렇게 무겁다고? 아니 그 전에 공기에 무게가 있어? 물론이야. 공기도 물질이니까 질량을 가지거든. 물론 우리가 평소에 느끼지는 못하지만 말이야. 흔히 듣는 기압이라는 말은 공기의 압력을 말해. 공기 그까짓 것 하고 생각할 수 있지만 해수면과 비슷한 높이에서 가로 세로 1미터의 면적에 가해지는 압력은 대략 10톤 정도나 된단다. 어마어마하지?

기압의 단위는 헥토파스칼(hPa)이야. 1기압은 1hPa이라고 쓸 수도 있어. 온도처럼 기압도 계속 바뀌고 장소에 따라 달라져. 기압은 공기가 많이 쌓인 곳은 높고, 적게 쌓인 곳은 낮기 때문

공기의 무게를 느낄 수 없는 이유

기압은 모든 방향으로 작용한다. 아래로 갈수록 기압이 높아지기 때문에 위에서 아래로만 작용한다고 생각할 수도 있으나 공기 분자들이 모든 방향으로 움직인다는 것을 생각하면 기압 역시 모든 방향으로 작용하게 된다. 이런 기압의 방향과 반대로 우리 몸 안에서도 기압과 같은 크기로 미는 힘이 존재하기 때문에 둘이 평형을 이루어 기압을 느낄 수 없게 된다.

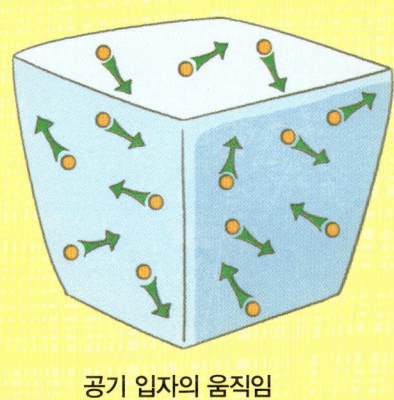

공기 입자의 움직임

에 산 정상이 산 아래보다 기압이 낮아. 또 같은 높이라도 시간에 따라 바뀔 수 있지.

그런데 일기 예보에 보면 고기압, 저기압이라는 단어가 나와. 고기압은 기압이 높다, 저기압은 기압이 낮다는 뜻이야. 간단하지? 그럼 기압의 높고 낮다는 기준은 뭘까? 1기압일까? 아니, 고기압, 저기압의 기준은 주변 기압이야. 주변 기압보다 높으면 고기압, 낮으면 저기압인 것이지. 숫자상으로는 아무리 기압이 높아도 주변보다 낮으면 무조건 저기압이야. 반대의 경우도 마

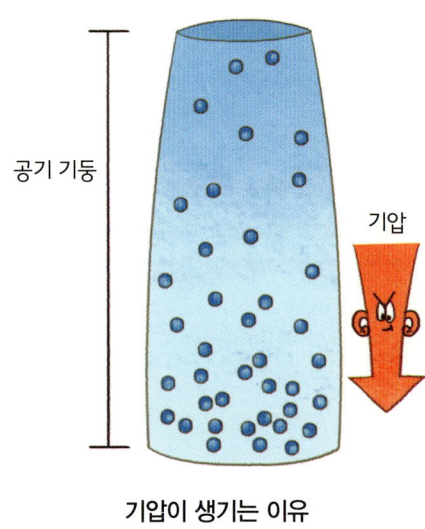

기압이 생기는 이유

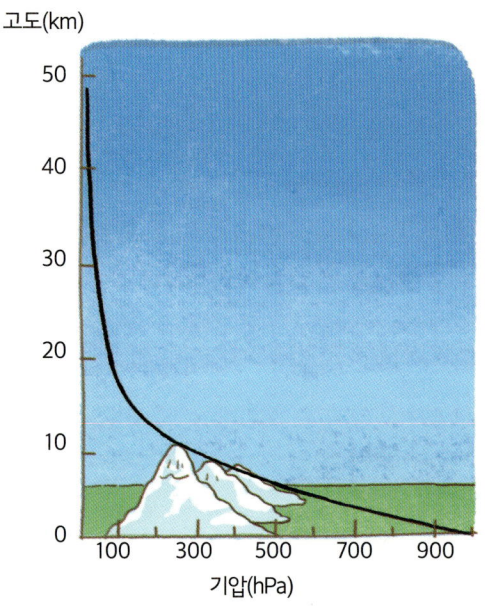

고도에 따른 기압의 변화
지표에 가까울수록 기압이 높아진다.

찬가지고.

그런데 물이 높은 곳에서 낮은 곳으로 흐르는 것처럼 공기도 고기압에서 저기압으로 흘러. 공기가 움직이는 것이 바람이라고 했잖아. 즉 바람은 기압 차이에 의해서 생기는 현상이야. 기압 차이가 클수록 바람은 세게 불어. 땅의 기울기가 심한 곳에서 물이 더 빠르게 흐르는 것과 마찬가지지.

일기 예보를 듣다 보면 저기압일 때는 날씨가 나쁘고 고기압일 때는 날씨가 좋다는 이야기를 들어 봤을 거야. 그건 저기압의 중심에서는 공기가 위로 올라가고 고기압에서는 반대로 내려가는 것과 관련이 있어. 공기 덩어리가 위로 올라가면 구름이 생기거든. 그러니 저기압에선 날이 흐리고 눈이나 비가 내리지. 고기압은 반대인 것이고. 또 기압골이라고 고기압과 저기압 사이에 기압이 약간

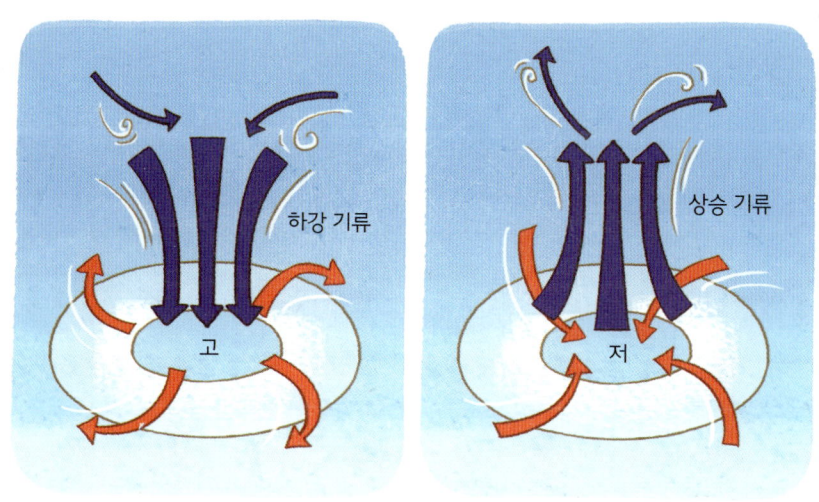

고기압과 저기압에서의 공기의 이동(북반구)
고기압의 중심에서는 공기가 내려가고 저기압의 중심에서는 올라간다. 고기압에서는 중심에서 바람이 불어 나가고 저기압에서는 바람이 중심으로 불어 들어온다.

낮은 곳이 있는데 여기도 흐린 날씨가 나타나.

여름에서 가을마다 찾아오는 태풍도 저기압의 일종이야. 태풍은 적도 부근의 더운 바다에서 생긴 열대성 저기압 중에서 중심 쪽의 바람의 속력이 초속 17미터 이상인 것을 가리키는 말이거든. 태풍이란 이름은 태평양에서 발생했을 때 쓰는 말이고, 대서양에선 허리케인, 인도양에선 사이클론이라고 해. 태풍은 보통 안쪽으로 갈수록 바람이 세지는데 신기하게도 한가운데인 태풍의 눈에서는 오히려 비바람이 없는 고요한 상태가 나타나. 물론 태풍이 이동하면서 다시 비바람이 몰아치지만 말이야.

태풍이 오면 비바람에 의해서 간판이 날아가고, 유리창이 깨

태풍의 위성 사진. 중심에 태풍의 눈이 보인다.

지고, 때로는 해일에 물난리까지 겹치면서 큰 피해를 입혀. 너무 큰 피해를 줘서 태풍 이름 목록에서 이름을 뺀 태풍이 있을 정도인걸. 하지만 지구 전체에서 본다면 태풍은 꼭 필요한 존재야. 태풍은 더운 적도 쪽에서 발생해서 상대적으로 추운 고위도 지방으로 이동하면서 사라져. 동시에 열과 에너지도 옮겨서, 지구 전체의 에너지 균형을 맞추는 일을 하지. 또 태풍으로 인해서 깊은 곳의 바닷물까지 섞이면서 심해에 산소를 공급하는 역할을 해서 생태계 유지에도 도움이 된단다.

바람에게도 정해진 길이 있다

추운 겨울날, 가뜩이나 추운데 바람이라도 쌩쌩 불면 볼이 얼어붙는 것 같아. 겨울바람은 북쪽에서 불어오는 바람이라 더 차갑다 하잖아. 이 바람이 더운 여름날에 불어 주면 참 좋을 텐데 여름엔 왜 안 불어올까?

공기 덩어리가 한 지역에 오래 머물다 보면 그 지역과 비슷한 성질을 가지게 돼. 육지에 있으면 건조해지고, 바다에 있으면 습해지지. 온도도 마찬가지야. 이렇게 비슷한 성질을 가진 공기 덩어리를 기단이라고 하는데 주변에 넓은 대륙이나 바다가 있으면 아주 커다란 기단이 만들어지고 이것이 이동하면 주변 지역의 날씨가 바뀌게 되지.

우리나라 주변에서 만들어지는 여러 기단 중에서 우리나라에 가장 큰 영향을 주는 것은 시베리아 기단과 북태평양 기단이야. 만들어진 곳은 이름을 보면 알겠지? 시베리아 기단은 북쪽 땅에서 만들어져서 차고 건조한데 겨울에 힘이 세져. 북태평양 기단은 남쪽 바다에서 만들어지니 따뜻하고 습한데 여름에 힘이 세

해풍과 육풍

바닷가의 바람은 낮과 밤에 따라 방향이 바뀌게 된다. 그 이유는 흙과 물의 온도 변화와 관련 있다. 흙은 물에 비해 빨리 데워지고 빨리 식는다. 이런 성질 때문에 바닷가에서 낮에는 육지 쪽 공기가, 밤에는 바다 쪽 공기가 더 따뜻하다. 따뜻한 공기는 부피가 커져 밀도가 낮아져 상승하기 때문에 저기압이 되고 반대쪽은 상대적으로 고기압이 된다. 따라서 낮에는 바다에서 육지로 부는 해풍이, 밤에는 육지에서 바다로 부는 육풍이 불게 된다. 계절풍도 이와 비슷한 원리에 의해 더욱 강해진다.

해풍

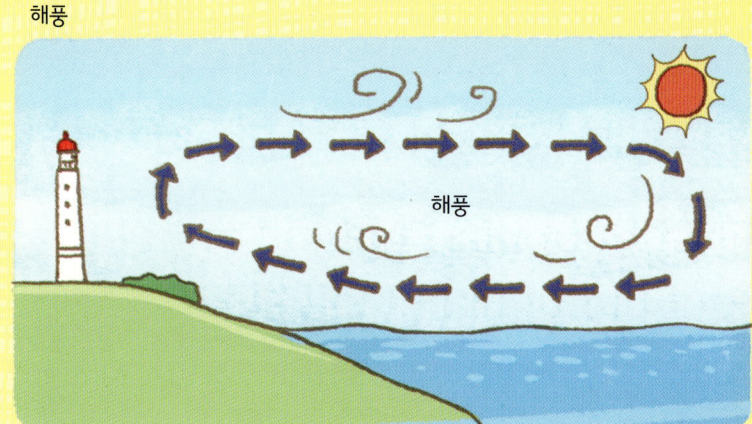

육풍

흙과 물의 비열 차로 생기는 온도 변화로 인하여 낮과 밤의 바람의 방향이 바뀐다.

지지. 계절별로 두 기단의 영향을 받다 보니 겨울에는 차고 건조한 북서풍이, 여름에는 덥고 습한 남동풍이 불게 되는 거야. 이렇게 계절마다 일정하게 부는 바람을 계절풍이라고 해.

계절이나 기단과 관계없이 1년 내내 일정하게 부는 바람도 있어. 이런 바람은 위도별 온도 차와 지구의 자전의 영향으로 부는 것이야. 적도와 극지방을 세 칸으로 나누어 칸마다 방향이 달라지는데 적도를 중심으로 북반구와 남반구가 거울처럼 마주

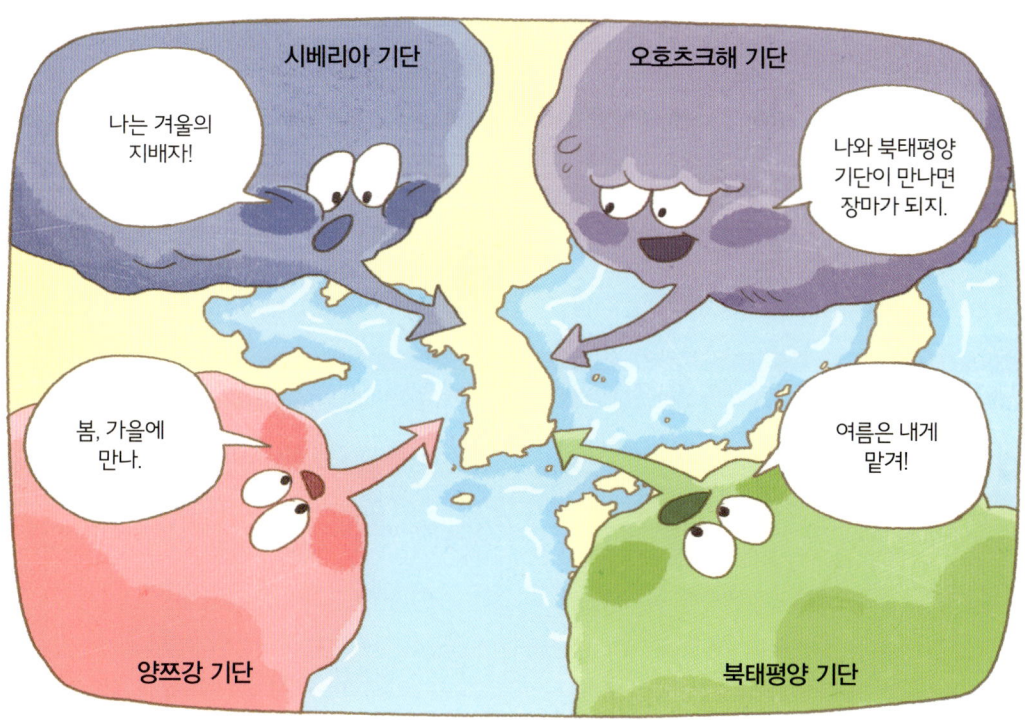

우리나라 주변의 주요 기단

보고 있는 모양을 하고 있어. 이런 바람과 앞서 말했던 해류가 지구 전체 에너지를 순환시키거든. 만약 바람과 해류가 없다면 적도 지방은 지금보다 더 덥고, 극지방은 더 추웠을 거야.

　이 바람들은 1년 내내 일정한 방향으로 불기 때문에 옛날부터 사람들은 항해나 무역에 이용했어. 오늘날에도 마찬가지야. 비

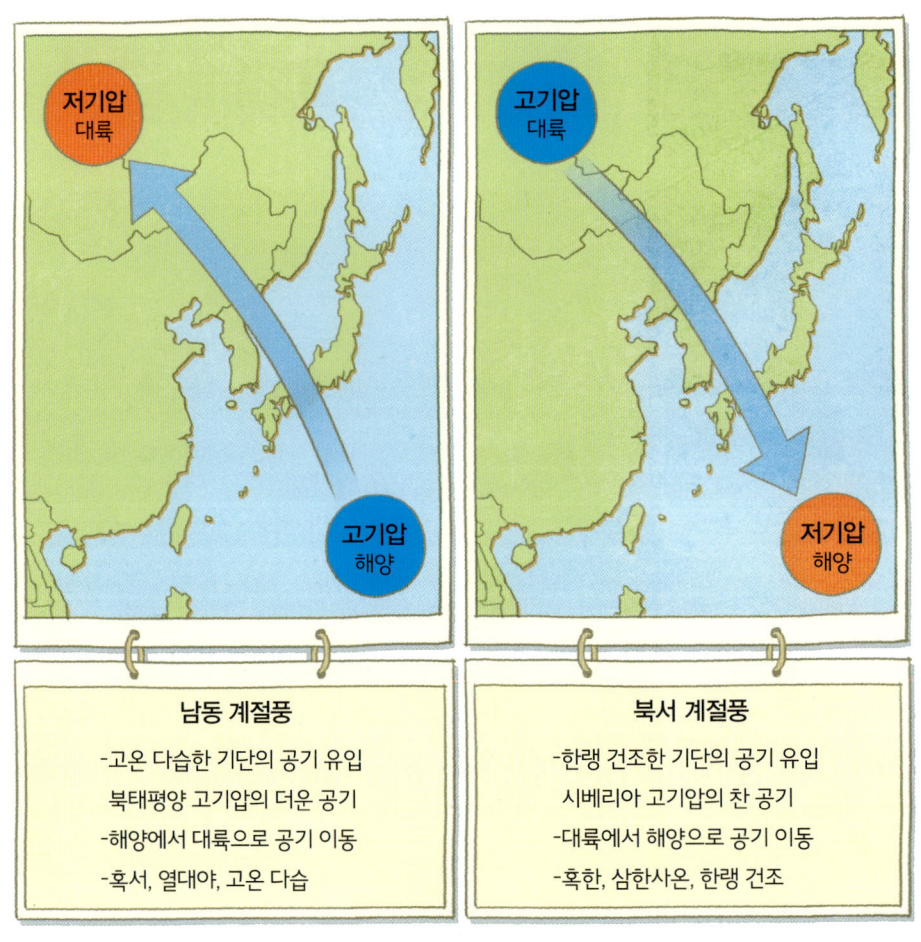

동북아시아의 계절풍

우리나라의 계절풍과 원리

행기도 바람을 이용해서 속도를 올리고 연료를 아끼거든. 예를 들어 우리나라가 속한 중위도 지역에서는 편서풍이 불어. 우리나라에서 비행기를 타고 미국으로 갈 때는 편서풍을 타고 날아 시간을 절약하지. 또 우리나라를 지나가는 태풍이 거의 동쪽으로 휘어지는 것도 편서풍 때문이야.

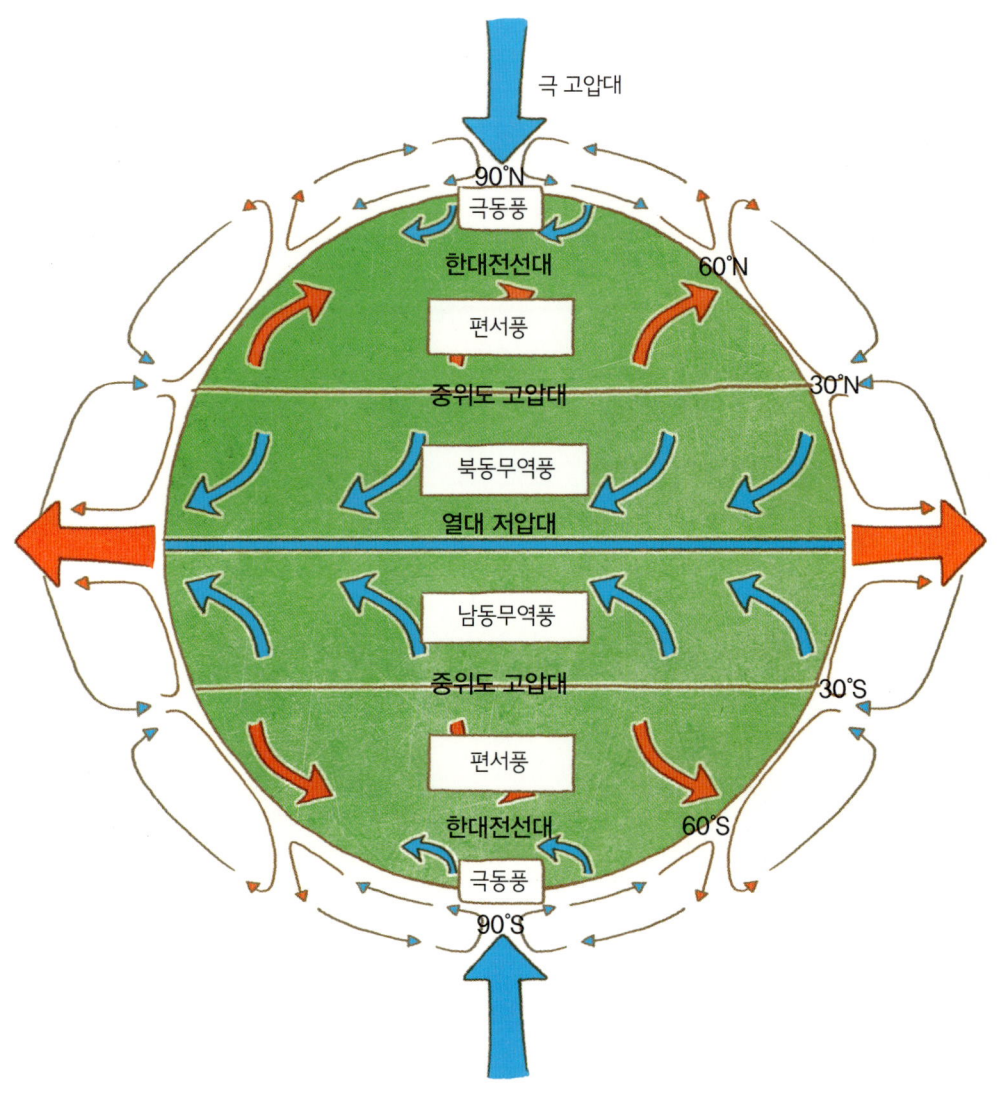

전 지구적 대기 순환. 우리나라는 편서풍 지대에 속한다.

봄과 가을에 황사가 심한 것도 편서풍의 영향이야. 황사는 중국의 사막지대에서 모래 먼지가 불어오는 것인데 문제는 중국의 대기 오염으로 인체에 해를 주는 성분들이 많아졌다는 것이야. 중국이 우리나라의 서쪽에 있으니 편서풍을 타고 이런 먼지와 오염 물질들이 오는 것을 막을 방법이 없어. 그런데 편서풍은 1년 내내 분다고 하지 않았나? 여름이나 겨울에는 왜 황사가 자주 오지 않을까? 그건 앞서 말한 계절풍 때문이야. 겨울에는 북서풍이, 여름에는 남동풍이 강하게 불면서 편서풍이 약해지거든. 겨울에 아주 춥고 바람이 세게 부는 날에는 공기가 맑은 것도 그 이유란다.

기후 변화와 온난화

우리나라의 자연을 표현할 때 뚜렷한 사계절과 사시사철 변하는 아름다운 풍경을 가지고 있다고 했어. 조상들은 24절기를 만들어서 계절을 나누고 해야 할 일을 정하곤 했지. 절기는 신기할 정도로 날씨와 잘 맞아떨어졌거든. 그런데 오늘날엔 좀 달라졌어. 사계절 중 여름과 겨울은 길어지고 봄과 가을은 짧아졌지. 초여름에 꼭 나타나던 장마도 해에 따라 달라지고, 태풍은 늦가을까지도 올라오는 등 기상 현상이 나타나는 패턴도 바뀌고 있어.

기후와 관련해서 요즘 지구촌에서 가장 뜨거운 주제는 온난화야. 원래 기후는 오랜 시간에 걸쳐 변하는 것이긴 해. 온난화를 부정하는 사람들은 이런 이유로 현재의 상황을 자연스러운 것이라거나, 온난화는 가짜라고까지 이야기하거든. 하지만 최근의 온도 상승률을 보면 지금 현상은 자연스러운 게 아니야.

온난화 때문에 우리나라의 평균 기온이 올라가면서 우리나라에서도 바나나 망고 같은 열대 과일이 자란다는 이야기는 들어 봤지? 그 이야기는 우리나라에서 전에 많이 자라던 사과나 배 같은 과일은 자라기 어렵다는 뜻이 되기도 해. 장마나 태풍이 오는 시기가 바뀌고 길어지는 것도 온난화 때문이지. 특히 지구의 열에너지가 증가하면서 태풍이 오랫동안 발생하고, 힘도 세지면서 큰 피해를 주는 일이 자주 발생해. 북극과 남극의 얼음이 녹으면서 작은 섬나라나 바닷가의 도시들이 잠기는 것도 큰일이지.

　이런 이야기를 보면 온난화 때문에 기온이 아주 많이 올라가는 것 같잖아. 그런데 실제로 지구 전체 평균 기온은 많이 올라간 것이 아니야. 1~2℃ 정도 상승한 수준이거든. 그런데 그 정도로 지구 전체의 기후가 뒤죽박죽이 되는 거야. 만약 지구의 평균 기온이

5℃쯤 올라간다면 해수면 상승으로 땅들이 바닷속에 잠기는 것은 물론 엄청난 태풍에 휩싸이게 될 거야. 사람은커녕 수많은 생물들도 사라질 수밖에 없겠지. 왜 세계의 환경 단체들이 1~2℃에 벌벌 떠는지 알 것 같지?

온난화의 무서운 점은 그뿐만이 아니야. 온난화가 심해질수록 온난화 속도가 점점 빨라지게 되거든. 사실 지구의 온도가 어느 정도 일정하게 유지되는 것은 태양에서 받아들이는 열과 지구가 다시 내보내는 열의 양이 평형을 이루고 있기 때문이야. 그런데 온난화가 심해지면 에너지를 더 흡수하는 요인들이 많아져서 다시 온난화를 가속화하거든.

예를 들어 대기가 에너지를 얼마나 흡수할지는 대기의 성분에 따라 달라질 수 있거든. 이산화 탄소나 수증기, 메테인 같은 온실가스가 바로 에너지를 더 흡수하는 기체야. 대기 중에 온실가스가 많아지면 지구의 온도가 올라가는데 그러면서 다시 대기 중에 이런 기체의 양이 많아지거든. 그러면 또 기온이 올라가겠지? 또 극지방의 빙하는 빛을 반사해서 지구의 온도를 낮추는 역할을 하는데 이것이 녹으면 그만큼 또 기온이 올라가겠지? 그러면 빙하가 더 녹을 것이고, 기온이 더 올라갈 거야.

그러면 어떻게 해야 이 악순환을 조금이라도 늦출 수 있을까? 전 지구적인 거대한 변화 앞에 인간들이 할 수 있는 것은 온실가스, 그중에서도 이산화 탄소의 배출을 줄이는 것이 가장 현실적이고 효과적이야. 그래서 세계 여러 나라들은 이산화 탄소를 비롯한 온실가스 배출에 관한 규제를 만들고 지키기로 했어. 교토 의정서나 파리 기후 협약이 그 대표적인 경우지. 온난화는 어느 한 나라, 개인이 해결할 수 있는 문제가 아니라 지구의 모든 사람들이 함께 힘을 모아야 겨우 해결할 수 있는 문제라는 것을 꼭 기억해 두길 바라.

SOS 살려주세요!

 에필로그

지구의 마지막 순간

태양과 함께, 사실은 태양보다 조금 늦게 만들어진 지구. 거대하고 단단한 돌로 둘러싸인 지구라는 행성이 사라질 수도 있을까?

행성 지구의 마지막 장면은 아마 아주 먼 미래의 이야기일 거야. 뭐, 운이 없으면 빨라질 수도 있겠지만 말이야. 별다른 일이 없다면 행성 지구의 수명은 50억 년이나 더 남아 있어. 50억 년이란 시간은 태양이 지금의 모습을 잃는 데 걸리는 시간이지.

노란색으로 빛나는 태양은 50억 년쯤 뒤에는 붉은색으로 바뀌면서 아주 거대해질 거야. 너무너무 커지기 때문에 지구를 삼켜 버릴 예정이지. 태양에게 삼켜진 지구는 아마 뜨거운 열에 그대로 사라져 버릴지도 몰라. 태양을 만들고 남은 재료로 만들어진 행성이 다시 태양으로 돌아가는 과정이지.

혹시 운이 없다면 외계에서 온 천체와 충돌할지도 몰라. 지금 이 순간에도 지구를 스쳐 지나가는 수많은 천체들이 있는 것처럼 말이야. 그중에 달이 만들어질 때처럼 제법 큰 천체가 와서 부딪친다면 지구가 다시 쪼개질 수도 있지. 어떤 것이 어떻게 부딪치느냐에 따라 지구가 우주의 작은 돌조각으로 사라질 수도 있고 지금보다 좀 작은 행성이 되어 버릴 수도 있어.

생물이 살아가는 터전으로서의 지구의 마지막 순간은 좀 다를 거야. 물론 앞의 두 가지 같은 일이 일어난다면 지구상의 생물들도 무사하지는 못하겠지. 하지만 생물들은 이런 일이 아니더라도 끝없이 나타났다 사라져. 외부 요인이 아니더라도 지구상의 생물이 거의 다 멸종할 뻔한 일도 무려 다섯 번이나 있었는걸. 운석 충돌이나 온난화나 빙하기 같은 기후 변화, 해수면의 높이 변화 등 지구 안팎의 여러 가지 이유로 수많은 생물이 사라졌어. 하지만 원래 지구의 기후는 그냥 두어도 변하는 것이기 때문에 이런 일들은 어떻게 보면 자연스러운 일이야. 게다가 이런 멸종이 반드시 나쁘다고만은 할 수 없어. 어떤 생물들이 사라진 자리는 새로운 생물이 다시 채우곤 하거든. 인간과 같은 포유류도 백악기에 있었던 대멸종 덕에 공룡과 같은 파충류가 사라져서 생긴 빈틈을 이용해 번성하기 시작했으니까.

문제는 여섯 번째 대멸종은 인간에 의해서 생각보다 빨리 올지도 모른다는 것이야. 이대로 인류의 수가 급속히 늘어나고, 산업 활동이 더 활발해지면 환경 오염과 온난화도 심해질 수밖에 없어. 인간의 문명화 이후로 환경의 변화 속도는 빨라졌고, 산업화 이후에는 더 빨라졌으니까. 이런 상황이 계속된다면 지금의 지구 생태계는 유지할 수 없어. 바퀴벌레같이 환경에 신속하게 적응하고 변화하는 생물은 이번에도 살아남겠지만 그렇지 못한 생물도 많을 거야. 우리는 이미 그런 생물들을 알고 있어. 유명한 모리셔스의 도도새뿐만 아니라 한국의 토종 늑대, 호랑이 같은 옛날에는 흔했던 동물들이 이미 멸종된 지 오래야. 북극곰이나 펭귄의 서식지가 파괴되고 그로 인해 개체 수가 줄어들고 있다는 이야기도 들어 봤을걸? 가까운 미래에 그 명단에 인간이 추가될지도 몰라.

행성 지구의 마지막은 우리 힘으로 막을 수도 피할 수도 없는 일이라면 생물이 살아가는 터전 지구의 마지막은 우리가 늦출 수도 앞당길 수도 있는 일이야. 그렇다면 이 터전을 오래오래 사용할 수 있도록 모두가 힘을 합쳐 노력해야 하겠지? 조금이라도 빨리, 사소한 것이라도, 우리부터 노력해 보자고.